发现城市之美
CITY DISCOVERY

出品人◎林辉勇

主编◎肖岳山

揭阳

海天出版社
·深圳·

图书在版编目（CIP）数据

发现城市之美．揭阳 / 肖岳山主编．— 深圳：海天出版社，2019.4

ISBN 978-7-5507-2604-8

Ⅰ．①发… Ⅱ．①肖… Ⅲ．①揭阳－概况 Ⅳ．①K92

中国版本图书馆 CIP 数据核字（2019）第 019602 号

发现城市之美·揭阳
FAXIAN CHENGSHI ZHI MEI JIEYANG

出 版 人	聂雄前
责任编辑	刘翠文
责任技编	陈洁霞

出版发行	海天出版社
网　　址	www.htph.com.cn
地　　址	深圳市彩田南路海天综合大厦 7-8 层（518033）
电　　话	0755-83460601（批发）0755-83460239（邮购）
印　　刷	深圳市金丽彩印刷有限公司
开　　本	787mm×1092mm　1/16
印　　张	26.5
字　　数	410 千字
版　　次	2019 年 4 月第 1 版
印　　次	2019 年 4 月第 1 次
定　　价	162.00 元

海天版图书版权所有，侵权必究。
海天版图书凡有印装质量问题，请随时向承印厂调换。

缘起 发现揭阳

树高千丈不离根，人行万里思故乡。揭阳乡贤林辉勇先生心系故土，情系家乡，多年来热心公益事业，作为美国潮商会会长、北京潮人海外联谊会执行会长、北京潮商会常务副会长、潮汕星河奖基金会永远名誉会长，他为家乡建设慷慨解囊，大力支持潮汕地区的教育及公益事业建设。

今天，中国正处在快速发展的城市化进程中，如何保护好传统的、原生态的乡土文化，尊重和珍惜历史的积淀，是一个值得思考的问题。20世纪90年代以来兴起了旧城改造建设，城市"脱胎换骨"的同时，也对历史文化遗产造成了不小的破坏，曾经地域特色鲜明的文化气息逐渐消失。城市更新，应是一个历史、文化生命体的新陈代谢，而不是推倒重来。在中共中央政治局第十三次集体学习时的讲话中，习近平总书记曾指出："抛弃传统、丢掉根本，就等于割断了自己的精神命脉，博大精深的中华优秀传统文化是我们在世界文化激荡中站稳脚跟的根基。"

粤东古邑揭阳，见诸史载已有两千多年，因榕江穿城而过，又别称"榕城"。揭阳东邻潮州、汕头，西接汕尾，南濒南海，是潮汕文化重要的发祥地，素有"海滨邹鲁""国画之乡""小戏之乡""龙舟之乡""华侨之乡"之美称。揭阳的乡土文化丰富多彩,非物质文化遗产源远流长……这些都是中华民族文化大家庭的重要组成部分。

今逢盛世,初心未改。揭阳的乡贤文化由来已久,很多旅外的揭阳人有着浓厚的桑梓情怀,不管走到哪里、走得多远,都时刻关心、关注着家乡的发展建设,热心为家乡办好事。乡风与乡情的涵养,陶冶了林辉勇先生的乡贤情怀,心系家乡、回报故土是他多年不变的心愿,饮水思源、富不忘本是他发自肺腑的心声。

为了更好地保护揭阳的历史文脉,让更多人了解揭阳的传统文化"家底",在林辉勇先生全力资助下,深圳市点石文化传媒有限公司以强大的采编阵容,历经两个月,拉网式走读揭阳市5240平方公里的每一寸土地。对揭阳的历史文化进行系统的挖掘,又经过五个月的艰苦创作,这一部图文并茂的《发现城市之美·揭阳》终于付梓,让人欣慰。

希望这部作品能将揭阳的"新、奇、特、美"原生文化一一展现,让古老的揭阳文化重焕光彩,也使文化揭阳更好地走向世界。

序一

揭阳是粤东古邑，其历史悠久，见诸史载已有两千余年，作为广东及闽南地区最古老的县之一，境内榕江流域曾是古粤东、闽南的区域中心和潮汕文化的发祥地。文化，是一座城市的灵魂，揭阳深厚的历史文化构成了揭阳人安身立命的精神家园，在历史的发展与传承中，赋予揭阳独有的特色和魅力。

北倚连绵山脉，南临浩瀚大海，揭阳独特的地理位置造就了揭阳开放、包容的态度，商贸经济在这里繁荣发展，潮客文化在这里交织相融，艺术文化在这里大放异彩。作为"民间艺术之乡"，木偶戏、英歌舞、潮剧、青狮、木雕、嵌瓷、玉雕等国家级非物质文化遗产在传承中不断创新发展，焕发出勃勃生机，正是揭阳人对艺术文化不懈追求的完美诠释。

漫长的历史洪流给揭阳这块古老的土地留下了诸多文化珍宝，揭阳犹如一块璞玉等待更多的人发现。2017 年，深圳市点石文化传媒团队从第三者的视角，挖掘揭阳原生态文化，从榕城到揭东，从揭西到普宁，再到惠来，经过两个月的实地走读，客观、细致地记述他们在揭阳的所见所闻，展现了揭阳各地风土人情、方言俚语、历史遗迹、名人掌故……

优美的自然环境，深厚的历史底蕴，淳朴友好的民风，绚丽多彩的民间文化是揭阳人世世代代共同创造的物质和精神财富！在新的历史时期，发挥文化对经济社会的支撑和推动作用，使之转化为现实生产力，需要更多人共同参与到传统文化的保护与传承中来，需要更深层次地挖掘和弘扬揭阳的历史文化。

期待《发现城市之美·揭阳》为读者打开发现揭阳的探索之门，让更多人认识揭阳，了解揭阳，感受揭阳之美。

中共揭阳市委宣传部

2018 年 10 月

序二

揭阳人天性爱美，爱创造，爱用艺术的目光看待周围的一切。

萧乾在他的一篇报告文学《潮汕鱼米乡》中提到，对揭阳这座"三面环水，城内走船"的水城印象最深刻的，就是"深入家庭普及每个角落的手工业"之发达。

在手工业时代，每一件产品都是靠手工精心打磨出来的艺术品，在为生计而生产的同时也反映了这些手艺人对美好生活的向往和追求。可贵的是，揭阳人把这种向往和追求传承了下来，深刻地融入到自己的日常生活之中。

从远处看揭阳，这座城市与其他城市似乎没有多大的差别，但当你走近街坊，走进百姓生活，你会深深地被这里特有的原生态文化和手艺人精湛的创意所吸引。

揭阳的非遗是丰富多彩的，它们是在两千年日常生活中逐渐打磨出来的，有彩画、嵌瓷、英歌舞、老香橼、潮州木雕，有客家擂茶、普宁豆干、揭西客家红酒，有汉乐、潮剧、铁枝木偶、青狮白目眉等，这些独特的艺术不仅将揭阳的过去和现在有机地串联了起来，而且为我们展示了这座城市更为精彩的未来。

揭阳是一座魅力十足的水上城市，其特点可以用开放、流动和创造来概括。

作为一座开放的城市，揭阳人拥有包容的胸怀，吸引着全国各地人士来此工作和生活。就玉雕而言，揭阳人秉承传统，融古于今，将南、北两派玉雕风格都吸收了进来，形成了名副其实的"玉都文化"。

城市的活力在于其流动性。揭阳在吸引全国各地人才的同时，也通过侨乡的辐射作用，将全球连接了起来，使揭阳成为面向世界的枢纽城市。

揭阳是一座有创造力的城市。非遗文化为揭阳建设创意之城奠定了基础。揭阳市委、市政府高度重视非遗文化在经济发展中的促进和提升作用，通过努力挖掘民间特色文化，将源于"美好生活的手工精神"弘扬起来，形成创意产业和产品。

最后，值得一提的是深圳市点石文化传媒有限公司——发现城市之美团队，在挖掘城市之美中所做的努力。每一座城市在其自身形成的历史进程中都会留下反映自身特征和精神的东西，它们深深地刻印在历史遗迹、文字记忆和人们的平凡生活之中，这些东西不仅能构成本地的精神遗产，而且能化为推动经济发展的动力之源。

澳门大学 / 澳门图书馆馆长

CONTENTS 目录

第一章 文化溯源

历史沿革	002

潮汕文化 006
千年古揭阳，望海跨粤闽 006
潮风客韵的交融 010
商贸文化 014
华侨文化 018

艺术文化 022
画坛奇葩：揭阳国画艺术 022
潮剧：潮韵悠悠千古扬 026
英歌："梁山好汉"的英雄之歌 028
木雕：木头的华丽变身 030
玉雕：琢璞成玉的魔法 034
乔林烟花火龙 036
嵌瓷：屋顶上的装饰艺术 038
青狮：潮汕狮舞之最 040
铁枝木偶戏 042
"灯竿彩凤"祭祖习俗 044

近代革命风云 046
东征时期之揭阳 046
"八一"南昌起义部队挺进揭阳 052
大北山红色革命根据地 058
大南山石刻革命标语 060

第二章 榕城

榕城：山水名城多胜迹	064

重峦千峰映榕水　066
紫峰山　066
黄岐山　070
桑浦山　074

粉墙黛瓦古韵长　076
揭阳学宫：古揭阳最高学府　076
古榕武庙，威宣南海　080
城隍庙：俯瞰众生善恶　082
"金城榕色"古城墙　084
"谯楼晓角"进贤门　087
金马玉堂太史第　088
丁日昌旧居　090
王氏辅祖祠　094
甲东里　096
盛祖家塾　098
彭延年墓　100
陆氏家庙　102
古溪陈氏家庙　104
南潮吴氏家庙　108
士耷公祠　112
八百春秋古京冈　114
枫美村古建筑群　120

古村巷陌叙家常　124
中山路骑楼街　124
钟厝洋：丝线吊金钟　128
岐南曜古旧寨村　131
山前村：梯田式村落　134
篮兜：蓝桥亨衢今犹在　138

长美村：榕江之滨进士村　142
乌美村：邹堂郑氏，科第世家　146

揭阳多士天下都　150
"广南夫子"陈希伋　150
林德镛：揭阳唯一的武状元　152
"戊辰四俊"之黄奇遇　153
揭阳才子宋兆禴　156

先民遗风今不忘　158
行彩桥　158
彩画　160
破门楼郑与翁仔灯习俗　162

行走的餐桌　166
炮台南糖　166
桃山芥蓝　168
"石牌红"番薯　170

第三章 揭东

揭东：揭邑翘首向东方	174
雕梁画栋今安在	**176**
锡场林氏宗祠	176
腾龙寺	178
石母双峰古寺	181
圆联围龙屋	184
九军将军府	188
水村山郭话桑麻	**190**
北河村	190
乔林古村	194
新寮村：黄旭华故乡	200
名臣功绩耀古今	**204**
直隶总督郑大进	204
蔡翘：中国生理科学奠基人	208
匠心巧手出绝艺	**210**
玉湖炒茶制作技艺	210
浦东牛皮鼓制作技艺	214
竹丝编织画技艺	216
匠心巧制珐琅彩	218
难忘的乡野滋味	**220**
"芋"罢不能东寮芋	220
竹笋之乡出"笋王"	222
新亨菜脯：质朴的乡味	224

第四章 普宁

普宁：民间艺术之乡	228

大自然的艺术馈赠　230
梅海雪香　230
大南山摩天石　233

安守一隅的遗存　234
德安里：府第式古村落　234
普宁文昌阁：林则徐魂归之处　238
城隍庙　240
普宁学宫　242
培风塔　245
下尾王村节孝坊　248
虎头埔古窑址　250
盘龙阁　252

依山傍水世居乐　254
泥沟村：活的古村　254

果陇村：全国最大的庄姓村落　258
碗仔村：盐岭古道的见证　262

革命的丰碑　264
浩气忠烈杨石魂　264
革命家方方　266
一代侨领庄世平　268

非遗探秘　270
贵政山茶叶陶罐制作技艺　270
佛手老香橼制作技艺　273
普宁豆酱制作技艺　276
广东汉乐　279

舌尖上的普宁　280
普宁豆干　280

第五章 揭西

揭西：粤东后花园　　　　　　　　284

青山秀水的邂逅　　　　　　　286
黄满磜：岭东第一瀑　　　　　　286

对话古建筑　　　　　　　　　290
三山祖庙：三山国王文化的发祥地290
郭氏大夫第：潮汕"乔家大院"　294
打铁街作坊群　　　　　　　　　298
兴道书院　　　　　　　　　　　301
上砂庄氏宗祠　　　　　　　　　304
大夫祖祠　　　　　　　　　　　307
植丰园：中西文化的碰撞　　　　310

暖暖远村墟里烟　　　　　　314
井美村　　　　　　　　　　　　314
新宫林村　　　　　　　　　　　318
月湄村　　　　　　　　　　　　322

遇见历史熟人　　　　　　　326
卓兴：草厝出大蛇　　　　　　　326
岭南近代四家之曾习经　　　　　328
经济学家许涤新　　　　　　　　330

传承路上的坚守　　　　　　332
提线木偶戏　　　　　　　　　　332
客家红酒酿造技艺　　　　　　　337
大龙香制作技艺　　　　　　　　340

一汤一茶同一羹　　　　　　342
客家擂茶　　　　　　　　　　　342

第六章 惠 来

惠来："海市"胜地，滨海明珠　348

枕山扼海聚灵秀　**350**
 佛光寺：朝山拜佛者的乐土　350
 巢凤凌云文昌阁　354
 靖海古城墙　356
 堡内古寨　360
 海角甘泉　364
 海防卫士古炮台　368

客乡潮俗共融通　**372**
 圆墩村：菠萝之乡古韵长　372

忠义廉正照昆仑　**376**
 抗元忠士陈梦龙　376
 谢正蒙：清廉天下冠　378
 抗日名将翁照垣　380

民间艺术　**382**
 惠来民间舞蹈　382
 靖海景屏　386
 抛锣　388
 打火醮　390
 中医正骨疗法　392

山海一隅的美味　**394**
 隆江猪脚　394
 隆江绿豆饼　396
 靖海豆楫　398

跋　**400**

第一章 文化溯源

- 近代革命风云
- 艺术文化
- 潮汕文化

历史沿革

据考古发现，早在新石器时代，已有先民在今揭阳市境内繁衍生息。先秦时，揭阳为吴、楚、越之交，属越地。

秦

始皇三十三年（公元前214年），秦遣任嚣、赵佗攻取陆梁地，戍五岭，置桂林、象、南海三郡，揭阳为南海郡所辖一县。

汉

高祖三年（公元前204年），赵佗自立南越国，设都城于番禺，揭阳县属南越国。

高祖十一年（公元前196年），汉立赵佗为南越王。揭阳县属西汉南越国。

武帝元鼎六年（公元前111年），汉伐南越，揭阳令史定闻汉兵至归汉。是年复南海郡，属西汉十三州之一的交趾（东汉时改称交州）。南海郡辖六县，揭阳属之。揭阳县辖域包括今整个潮汕地区、今梅州部分地区及闽南一部分。

三国

东吴大帝黄武五年（226年），交州分拆为交州、广州，揭阳属于广州南海郡。

晋

成帝咸和元年（326年），分南海郡立东官郡，揭阳属东官郡。

成帝咸和六年（331年），揭阳县拆分为海阳、潮阳、海宁、绥安四县，揭阳县废。

安帝义熙九年（413年），分东官郡，以海阳、潮阳、海宁、绥安、义招立为义安郡。直到唐代和北宋，人们还是习惯用揭阳来称呼后来设立的义安郡和潮州。

南北朝

南朝宋、南齐时期（420—502年），义安郡属广州。

南梁置东扬州，后改称瀛州，义安郡属之。

南陈罢瀛州，仍设义安郡。

隋

文帝开皇十一年（591年），义安郡改称潮州。

炀帝大业三年（607年），废潮州，复置义安郡，属扬州。

唐

高祖武德四年（621年），废义安郡，复置潮州，隶属广州。

玄宗天宝元年（742年），改为朝阳郡，隶福建经略使，后改隶岭南经略使。

肃宗乾元元年（758年），复潮州，今揭阳地属潮州。

宋

徽宗宣和三年（1121年），割海阳县所属永宁、崇义、延德三乡置揭阳县。

高宗绍兴二年（1132年），揭阳县全境并入海阳县。

绍兴十年（1140年），复置揭阳县，属潮州，设县治于玉窖村（今榕城区）。

明

世宗嘉靖三年（1524年），拆潮阳县惠来、酉头、大坭三都，隆井都一半，与海丰县龙溪都，合置惠来县（今属揭阳市）。

世宗嘉靖四十二年（1563年），割延德乡之龙溪都归海阳县，割鮀江、鳄浦、蓬州三都凑置澄海县。揭阳县境减为二乡九都。

世宗嘉靖四十二年（1563年），拆潮阳县洋乌、戎水、黄坑三都置普宁县（今由揭阳市代管）。

清

高宗乾隆三年（1738年），割崇义乡蓝田都之九、十两图共二十七村（今汤坑一带）凑置丰顺县。

中华民国

揭阳县建制依旧。

中华人民共和国

1965年，割揭阳县西北部12个公社和棉湖镇，陆丰县划出2个公社，组建揭西县。

1991年，撤销揭阳县，设置揭阳市，原揭阳县域分为榕城区和揭东县。揭阳市辖榕城区、揭东县、惠来县和揭西县，代管普宁市。

雍正九年（1731年）《揭阳县志》中的有关揭阳沿革的记载

潮汕文化

千年古揭阳，望海跨粤闽

古揭阳县是广东及闽南地区最古老的县之一，其历史悠久，有史记载距今已有两千多年，是古粤东、闽南的区域中心和潮汕文化的发祥地。

"揭阳"一名的来源有不同的说法，一说得名于五岭之一的揭阳岭，一说来自古越语。秦始皇三十三年（公元前214年），秦遣任嚣、赵佗平定南越，戍五岭，古揭阳县自此建制，为南海郡所辖一县。揭阳岭在什么地方？古揭阳县治在哪里？由于史籍缺乏明确的记载，以上问题一直以来存有争议，至今无定论。然而古揭阳究竟有多大？自建置始，古揭阳管辖着广阔的地域，包括今潮汕地区，梅州之梅县、蕉岭、平远、大埔及丰顺，福建漳州的诏安、东山、云霄、漳浦、龙海一带，相当于今揭阳市面积的六倍。

据考古发现，早在商周时期，古揭阳地域的土著文化受中原商文化的影响，形成一种有别于诸越文化的风貌独特的"浮滨文化"。榕江流域是浮滨文化分布较为密集的地方，今揭阳境内就有五个遗址群，已发现遗存三十余处。据各地墓葬和出土文物显示，浮滨人尚武或是各部落之间战争较为频繁，具有早期青铜文化水平，制陶技术成熟，已进入

第一章 文化溯源

揭东埔田宝山岽出土的汉代平底壶（今藏于揭阳市博物馆）

揭阳地都油柑山4号墓出土的商代印纹陶大口尊（今藏于揭阳市博物馆）

榕城仙桥戏院后出土的商代武器石戈（今藏于揭阳市博物馆）

西汉南越国揭阳县令史定像（揭猛研究会绘）

文明社会阶段。有学者认为，浮滨是商周之际属于越族的方国，带有若干中原文化色彩的浮滨文化是潮汕文化积淀的底层。

秦王朝统一南越后，采用屯戍移民政策，留守的军队和组织南迁的中原人"与越杂处"，带来中原先进的生产技术和文化。西汉南越国，统治阶层是秦之遗臣旧部，民众多为中原南迁的汉人和汉化的越族人，少数没有汉化的越族人远避深山，成为后来的少数民族。南越国历93年，未受到秦末战火的祸害，其间亦没有频生内乱，境内人民得以休养生息，安居乐业。西汉南越国的古揭阳，已有揭阳令管治，按秦汉建制划分，万户以上的县官称令，万户以下的县官称长。当时的揭阳县，人口在万户以上。中原人带来的文化与当地文化逐渐融合，形成了以中原文化为主导的新的南越文化。古揭阳作为南越国的一部分，政治、经济和文化得到快速发展。出土的秦汉文物显示，当时古揭阳的制陶工艺水平比以前大大提高，生产发展中已普遍使用铁器，已有钱币流通。而海外物品玛瑙珠、玛瑙耳珰等饰物的发现，更是反映了汉代的潮汕地区已参与南海海上"丝绸之路"活动。

第一章 文化溯源

《史记》中关于西汉平定南越后揭阳县令史定归汉的记载

《永乐大典》中关于北宋时仍以揭阳称呼当时的潮州地域的记载

秦汉时中原人南迁，不仅带来了先进技术和文化，还带来了中原黄河、洛水流域的河洛话。西汉南越国的古揭阳，有近百年相对安定的环境，移民群落的繁衍生息渐渐形成宗族，稳定的交流人群催生了以河洛语言融合地方土语的分音清楚、言简意深、语句文雅的潮汕方言雏形。在客家人入主梅州、龙岩北部地区前，这些地方通行的也是早期的潮汕方言。因此，在现代汉语方言中，潮汕方言才最完整地保留了中原地区上古音韵的面貌。

揭阳从秦朝置县，延续六百余年，于东晋咸和六年（331年）分拆为海阳、潮阳、海宁、绥安四县，古揭阳县自此湮没。在唐代和北宋，人们还是习惯用揭阳来称呼后来设立的义安郡和潮州地域。六百余年的时间跨度，已经形成了非常完整牢固的文化形态，在此后漫长的历史时期，对粤东、闽南地区发挥着深远的文化影响。

发现城市之美·揭阳

| 潮风客韵的交融 |

潮汕人和客家人共处粤东，尽管文化上有很大差异，但密切的地缘政治关系和悠久的历史文化交流，让两种文化逐渐交融。清代，潮汕地区有句民谚"澄海无客，大埔无潮"，指当时潮州府辖域的大埔是纯客家县，而澄海则无客家人聚居，其余的揭阳、普宁、惠来、丰顺、潮阳、海阳、饶平均是潮客混居。当地俗称的"半山客"，指的就是潮汕地区的客家人。如今揭阳的揭西、揭东、普宁、惠来均潮客混居。在山海之间的交界地域，潮汕文化和客家文化不断兼容，几百年来通婚、通商等社会经济交往频繁密切，早已不分彼此。

潮汕人大多是从中原经福建再转迁粤东，居住在粤东沿海平原；客家人大规模迁入岭南的时间比潮汕人要晚，他们从江西及福建西北部迁入粤东，因此客家人往往聚居在粤东山区。文化及地理环境的差异，使潮汕人和客家人形成了不同的生活习惯、民俗信仰、建筑形态，却又并非绝对独立。如潮汕人喜欢吃新鲜的海产，口味清淡；客家人则喜欢咸而香的食物。但也有许多饮食潮客均有，风靡潮汕的牛肉丸最早是由客家人传入，而潮汕牛肉火锅在客家地区也极受欢迎。

第一章 文化溯源

位于揭阳白塔镇元联村的围龙屋,是客家文化融入潮汕地区的体现

揭阳水系发达，自古商贸活跃，是潮、客地区商业的枢纽和都会。图为清末内河大量商品货运的场景（揭阳市博物馆供图）

潮汕人喜欢功夫茶，而客家人不仅喝功夫茶，更有独特的擂茶。

客家文化与潮汕文化最明显的区别体现在语言上，客家人与潮汕人互相听不懂对方的语言，用方言基本无法交流。但揭阳却存在不少"双语村"，既讲潮州话，又讲客家话；因处潮客语言混杂区，互相影响，即使不会讲，也能听得懂。揭阳潮客混居的地区还存在"潮汕人客家祖"现象，甚至"上三代说客，下三代说潮"。在丰顺等地也不乏"潮汕祖客家人"的现象。

潮汕沿海的人大多靠海为生，常出海捕捞或贸易，海神妈祖是他们重要的信仰，以祈求海上平安；客家人远居山区，以垦荒农耕为生，产生于客语区揭西河婆的"三山国王"被奉为山神，寄托人们对国泰民安、风调雨顺、五谷丰登的美好愿望。妈祖信仰与三山国王信仰在潮客地区相互渗透，均有着深远的影响，如"三山国王"成为整个粤东乃至海外移民共同崇奉的地方保护神，在潮语区信众很普遍，大凡乡村都建有三山国王庙，据《明贶庙记》记载，六百年前的元代已是"潮之三邑（潮阳、海阳、揭阳），梅惠二州，在在有祠"。

建筑亦是文化特质的体现。客家人聚居山区，聚族群居，围屋是典型的民居建筑形式，具有防御功能，建筑材料就地取材，多以石、土、木为主。潮汕古民居围厝则承中原古风，再结合当地环境因素，建造了四合院改进型的"下山虎""四点金"等建筑样式，多用贝灰三合土夯筑，可抗台风、地震，坚固耐用。由于潮客文化相互渗透，在揭阳的一些村落便出现了融合两种民居风格的建筑，如榕城城隍庙压平的瓦脊屋顶，是客家建筑风格的体现；揭西灰寨镇的新宫林村，既融会潮汕传统民居形式，又集客家围屋特点的建筑风格，极具潮客族群聚居地的特色。

追本溯源，潮汕人和客家人的远祖同在中原河洛一带，由于迁入粤东的路线和时间不同，又经过千百年来的文化传承与发展，并与当地土著文化相融合，形成了两个不同的民系和两种独特的文化。潮汕人与客家人毗邻而居，两者之间有区别、有联系，但在族群分立的边缘地区，两种文化早已相互交融。揭阳水系发达，自古商贸活跃，是潮、客地区商业的枢纽和都会。揭阳以一种开放兼容的态度和精神，在保持自己特色的同时又能博采众长，不同文化的融合促使揭阳更好地发展。

商贸文化

潮汕地区依山、傍海、多水，沿海港泊优越，内陆水网密布。优越的水上交通环境催生了潮汕地区的商贸发展，潮汕逐渐摆脱了自给自足传统经济的束缚，步入商品经济的时代，甚至开发海洋文化。早在秦汉时期，潮汕地区尚为古揭阳管辖，这里的人们已开始参与海上贸易活动。到了隋唐时期，潮汕地区与东南亚已有很密切的贸易关系。

宋绍兴十年（1140年），揭阳重新置县，正逢中原和江南移民通过福建大量迁入，劳动力大量增加，揭阳的经济文化迅速发展。同时，农耕技术提高，水稻产量大大增加，榕江流域成为富庶的粮仓。当时各行各业得到快速的发展，如捕鱼业、纺织业、瓷窑业，以及采矿冶炼、木石雕刻、漂染印刷等，揭阳乃至整个潮汕地区呈现经济繁荣和社会进步的气象。元代时潮汕地区战乱不断，人口急剧减少，加上元王朝大搞通货膨胀，揭阳的社会经济文化受到重创。

揭阳城被榕江环绕，位置优越，揭阳复置后，各行各业得到迅速发展，图为《揭阳古城图》（林美登作，揭阳市博物馆供图）

第一章 文化溯源

元代"至元通行宝钞"钞版（复制品）（今藏于揭阳市博物馆）

明朝时，大量移民从福建迁入，农业、工商业和教育等全面迅速发展。明朝中后期，揭阳已成为著名的稻米之乡，除了自给外，还供给邻区并远售福建。粮食商品化带动工商业兴旺发展。当时揭阳地区小商业和小手工业已很普遍，城区逐步形成专业性的街道坊段，如布街、米街、打铜街等；乡村则有桃山、河婆、棉湖、鲤湖（今里湖）、神泉等十余个固定大集市。但由于朝廷实施海防政策，严禁内陆地区进行海上贸易，对原本发达的海上贸易造成很大的冲击。有些商人为了生存，进行走私贸易，活动在东南沿海一带，有些甚至亦盗亦商。当时东南沿海频繁出现海寇之乱，有些就是当地商人所为。乡民为了保护自己，强化聚族而居，潮汕地区逐渐形成强烈的宗族观念。

清康熙年间，东南沿海解除海禁，揭阳商品经济发展迅速，对外交往更加频繁。清朝中叶，人口迅速增长，本地粮食不敷自给，清廷放宽对外贸易，准许商人领照到暹罗（泰国）贩米。有暹罗米的供给，加上旱园山地广泛种植甘薯作为粮食的重要补充，揭阳原来从事粮食生产的农民纷纷扩大甘蔗、苎麻等经济作物的种植，纺织、制糖等加工业迅速扩大规模，以夏布和蔗糖为主的商品生产持续繁荣。至晚清，揭阳夏布除内销广

乾隆四十四年（1779年）《揭阳县正续志》有关落地税的记载

州、厦门、浙江、上海等沿海各大商埠外，还大量出口到东南亚各地，占潮汕地区夏布出口额半数以上，相继出现了林祐记、黄万隆、许合发、名丰号等著名的夏布商号。由于蔗糖需求量巨大、利润丰厚，潮汕制糖业迅速发展，饶宗颐《潮州志》载"（甘蔗）其产量之丰为全国冠"，揭阳产量则为全潮汕之冠。糖业的繁荣，也催生了郭来、李天生等"糖业大亨"。清道光二十三年（1843年），上海开埠，成为潮糖的主要集散地，潮糖由上海销往欧美各国。1925年版的《六十年来之岭东纪略》记载："汕头附近产出之糖，向来年年有一千万担左右之输出，上海、汉口、长江一带及北方诸省，大多数用户仰给于此。"

揭阳甚至整个潮汕地区的商品经济繁荣发展，大批潮人涌向海外进行商业冒险。潮商敢拼敢闯、聪明能干、善于经营，名号逐渐打响。汕头开埠以后，帝国主义用鸦片和廉价商品向潮汕地区倾销，造成当地农民和手工业者破产，纷纷沦为"猪仔"，被卖到世界各地当苦力。这些被迫当苦力的"契约华工"中崛起了大批海外潮商。民国初出版的《清稗类钞》有一则《潮人善经商》记述："潮人善经商，窭空之子，只身出洋，皮枕毡衾以外无长物。受雇数年，稍稍谋独立之业，再越数年，几无不作海外巨商矣。"

随着汕头开埠，潮汕地区的外贸事业逐步发展，外商相继在揭阳设公司办商务，一些机械操作代替了手工作业。1920年后，揭阳出现一批进口商，经营、代销、代理进出口商品，逐步发展了夏布、蔗糖、菜脯、抽纱等大宗产品的出口。1939年，汕头沦陷，揭阳地处抗日前沿，但一些洋商仍可在揭阳进行贸易活动。1941年，太平洋战争爆发，海外交通断绝，揭阳对外贸易中断，加上旱灾与霍乱疫病流行，经济生产受到严重破坏，

第一章 文化溯源

旧时用牛车榨土糖的场景（揭阳市博物馆供图）

外国洋行、公司和经营外贸的华商大部分移资海外。中华人民共和国成立后，国家加强外贸管理，抵制帝国主义的经济封锁。此时揭阳外贸额很低，后来又经历"文化大革命"，揭阳的外贸工作大受影响。

1978年，中国开始实行改革开放的经济政策，揭阳逐步形成了玉器、服装、药材、鞋业、不锈钢制品、模具等支柱产业，并以国家一级渔港神泉港为依托，建设粤东渔产品综合贸易中心市场。经过数十年的努力，揭阳成为一座新兴的制造业城市和商品集散中心。

清代揭阳运销江浙的糖包缩样（摄自揭阳市博物馆）

华侨文化

中国人移居国外，可追溯到两千多年以前的秦汉时期，陆路有"丝绸之路"通往西域，海上有商船通往日本、东南亚，其中就有人留居他乡。历朝历代均有不少人或因贸易往来定居国外，或因战乱逼迫逃亡海外。

揭阳人移居海外始于明朝东南海运货贸时期，最早的记录是明万历元年（1573年），惠来县林道乾率领部下抗击明朝海禁，遭朝廷围歼而遁逸于今泰国北大年定居。清朝中叶，朝廷放宽对外贸易，越来越多的揭阳人漂洋过海，移居国外。他们中除了商人之外，大多是一些迫于生计的贫苦农民，单独或集体出国谋生，先是从饶平的柘林和澄海的樟林乘红头船出洋，再由汕头港乘轮船往东南亚各国，俗称"过番"。

清代广东红头船图式（揭阳市博物馆供图）

第一章 文化溯源

清末民初，国内时局动荡，传统经济破产，民不聊生，百姓急于寻找生路，这个时期是中国向海外移民的高潮时期。许多贫苦百姓像"猪仔"一样被西方帝国主义贩卖出洋当苦力，他们被迫签立偿债契约，称为"契约华工"。1876年至1898年的23年间，潮汕人从汕头港被运往荷属、英属东南亚殖民地的"契约华工"有151万多人，揭阳人不在少数。这些"契约华工"到达目的地之后，被当成奴隶看待，苦不堪言。1912年，孙中山令广东严禁"卖猪仔"之后，"契约华工"逐渐变为自由移民，但劳苦民众仍不能摆脱受压迫和剥削的窘境，仍有不少人为生活所迫或为逃避战祸而出洋。

来自揭阳的华侨较多旅居暹罗，大部分从事垦荒造田，种植粮食和烟叶、木薯等经济作物。他们善于

清光绪年间，中国派容闳调查华工情况。这是容闳向皇帝报告的《照录容闳调查华工供词见证》

华工在国外从事苦力工作的情景（揭阳市博物馆供图）

容闳报告中揭阳华工赵尤平在秘鲁苦况的陈述词

《外国音书》,刊印于光绪九年(1883年),是一本记录光绪六年(1880年)在古巴的潮汕籍华工花名册,共有3466人,记载着姓名、籍贯、年龄等信息。粤东潮州会馆收藏

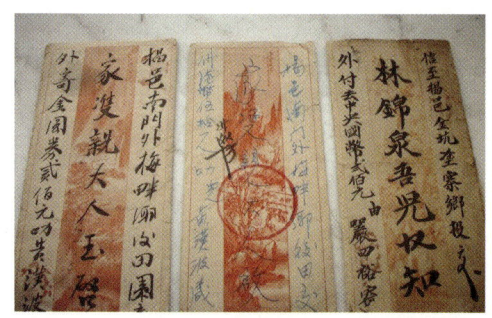

清光绪、宣统年间,侨批业兴起,海外华侨通过海内外民间机构给国内侨眷汇寄钱款和家书,图为"侨批"

经营,又敢于拼搏,吃苦耐劳,虽然只身出洋,身无长物,但受雇数年之后便开始谋求独立创业。部分人则从事产品的收购、加工、包装和运输,少数人做木工、鞋匠、裁缝或经营小商业,经过长期苦心经营,逐步摆脱贫困,发家致富。1955年万隆会议后,也有许多揭阳华侨加入居住国国籍,成为外籍华人。如今揭阳有海外华侨华人320多万,主要分布在泰国、新加坡、马来西亚、印度尼西亚、日本、美国、法国、澳大利亚等40多个国家和地区,旅居港澳台同胞60多万人,是广东省重点侨乡。

早期出国的华侨只能通过书信与家乡亲人联系,还要汇款回去维持一家老小的生计,于是便出现了侨批业。侨批是指海外华侨通过海内外民间机构汇寄给国内侨眷的汇款和家书。清光绪、宣统年间,揭阳便先后开办新合顺、光德成、林泰记、黄泰发等侨批局。抗日战争时期,揭阳等侨乡的侨批汇路一度中断,当时在"有和祥庄批局"任职的陈植芳经过几番探索,开辟了寄送侨批的秘密通道"东兴汇路",将东南亚国家的侨批先汇集到广西防城县的边陲小镇东兴,再由各批局派员将侨批送到侨眷手中,全途耗时数月,历尽艰辛。直到1944年,这条在日寇铁蹄下秘密生存的"东兴汇路"才完成了它的历史使命。

第一章 文化溯源

自辛亥革命以来，有华侨由于各种原因回归故里。第二次世界大战时期，南洋各地相继被日军占领，大部分华侨辗转回国，许多海外爱国志士毅然奔赴前线参加抗战。当时回国参战的广东华侨约4万人，其中就有许多揭阳籍归侨。20世纪60年代至70年代，东南亚爆发大规模排华事件，大批华侨流离失所，难以生存。中国政府把那些陷入困境、无法谋生而又愿意回家的侨胞接回国内安置，如今揭阳的普宁华侨管理区和大南山华侨管理区就居住着许多当年的归国华侨。随着中国社会经济的发展，综合国力增强，现在，揭阳籍华侨回国大多是怀揣着落叶归根、安度晚年的想法，但也有的是送子女回国学习深造，或是为投资兴办实业。

揭阳籍华侨数量庞大，居潮汕之首，他们大多有着思乡、爱国的赤子之心，历来支持并积极参加祖国的革命事业，关心和支援家乡经济建设，大力支持家乡的公益事业。揭阳的义和学校、榕城华侨中学、普宁兴文中学、揭西南侨中学等都是华侨捐资建造的。

20世纪50年代，泰国、柬埔寨、马来西亚等地华侨捐资兴建揭阳华侨中学，中国侨联原主席何香凝题写校名

艺术文化

画坛奇葩：揭阳国画艺术

近代以来，在粤东画坛，揭阳可谓是首屈一指。揭阳书画艺术源远流长，近百年来，更是涌现出众多卓有成就的画家，这些画家在国画领域造诣颇深，在海内外影响颇大。因此，揭阳有"国画之乡"的美誉。

鸦片战争之后，随着上海和汕头相继开埠，加上陆路交通不利，大批潮人通过水路到上海、江浙一带经商和学习，往来密切。于是扬州画派和海上画派的作品便源源不断地传入揭阳和潮汕其他地区，对当地绘画产生重要的影响。20世纪初，由于新文化的传播，书画艺术逐渐普及，喜欢研习和欣赏中国画的风气日盛，大批有志于在美术上深造的潮籍学子到上海求学。他们相继进入"上海美专""上海新华艺专""上海昌明艺专"等几个"海派"艺术的主要教育基地。仅《上海美术专科学校——25周年纪念一览》中记载在册的粤东籍毕业生即达66人，在校生29人，其中不乏揭阳人。

毕业于上海诸美术学校的揭阳学子，大多品学兼优，除了少数留在外地工作，大部分返回潮汕地区，或任教，或开设书画社，指导后学。当时揭阳较著名的画家有孙裴谷、

第一章 文化溯源

案头（王兰若作）

守望星辰（王璜生作）

隋梅（庄小尖作）

狮头鹅（方楚雄作）

孙星阁、林受益、王兰若、刘昌潮、范昌乾、黄独峰、谢海燕、赖少其、陈文希等。这些画家学成归乡，为揭阳乃至粤东画坛注入活力，受"海派"的熏染，逐渐摆脱"闽派"的影响，形成自身独特的风格。他们勤勤恳恳，不断提高创作水平。孙裴谷诗书画印无所不能，山水、人物、花卉、飞禽、走兽样样精通；林受益主要画花鸟，尤以画寿桃、琵琶著称，其画格被称为"以能脱绝烟火"；王兰若只要目之所见，无所不画，尤善画兰，刘昌潮注重"以书入画"，画风古朴苍茂，以画竹成就为最，"兰若兰，昌潮竹"的雅称在潮汕几乎无人不晓。受时代背景的影响，这一时期的揭阳乃至潮汕画坛的作品

第一章 文化溯源

大多趋向于"重彩写意",注重笔墨意趣,雅俗共赏。

揭阳老一辈画家在提升自身的艺术造诣的同时,又投身教育事业,培养了大量的美术人才。改革开放之后,新一代的画家逐渐崭露头角,如方楚雄、方楚乔、王璜生、庄小尖、杨之光、林若熹、方土等,在当下中国画界均有着不凡的成就。在几辈人的努力和熏陶之下,如今的揭阳画坛人才辈出,弥漫着浓厚的艺术氛围。而喜欢国画、学习国画的文化现象,成了揭阳一道奇特的风景线,一朵亮丽的奇葩。

雪岭出涧(方楚乔作)

潮剧：潮韵悠悠千古扬

潮剧又名潮州戏、潮音戏、潮调等，是广东三大剧种之一，主要流行于潮州方言区及海内外潮人聚居地，由宋元时期江浙一带的南戏逐渐演化而来。

南戏发源于浙江，流传到长江流域和东南沿海地区后，经过长时间的发展，与各地文化相融合，形成了弋阳腔、昆山腔、余姚腔、海盐腔四大声腔。潮剧主要吸收了南戏的弋阳腔、昆山腔和其他中原戏种的特长，融合当地的民间艺术，用潮州方言演唱，是具有地方特色的剧种。1975年在潮安出土的明宣德六年（1431年）手抄南戏剧本《刘希必金钗记》，说明潮剧在明代中期之前就已兴起，溯源至今已有五百多年历史。明嘉靖四十五年（1566年），余氏新安堂《重刊五色潮泉插科增入诗词北曲勾栏荔镜记》刻本末页中提及"因前本《荔枝记》字多差讹，曲文减少，今将潮泉二部，增入《颜臣》勾栏诗词北曲，校正重刊"，说明当时的《荔镜记》已用潮泉二腔演唱。

潮剧融合了潮州音乐、潮州歌册、潮绣、盔帽制作等多种潮州传统艺术精粹。潮州音乐是潮剧的一个重要组成部分，使用的乐器主要有扬琴、椰胡、二胡、锣鼓、琵琶、

潮剧《秦香莲》剧照

第一章 文化溯源

唢呐等。潮剧曲调悠扬，声歌轻婉，唱词融合潮州歌册的特点，多用五言、七言句，且注重对偶、押韵，唱念起来朗朗上口。一唱众和、多人合唱等帮腔形式也是潮剧的特色唱法。潮剧服饰完整的衣箱制也便于区分潮剧中生、旦、净、丑各个行当。

潮剧内容多以历史故事、民间传奇改编，到近现代，多了革命英雄人物等题材。潮剧在明清时期已极其兴盛，而揭阳地区的潮剧在整个潮剧发展中有着重要的意义。明万历年间潮剧《苏六娘》（刻本），所写故事正是以揭阳县人苏六娘的真实故事改编的；对潮剧的发展有着重要研究价值的明嘉靖年间南戏手抄本《蔡伯喈》也是在揭阳出土的。至清末民初，揭阳戏班已遍地开花，有的还被邀请到海外演出，潮剧繁荣发展，揭阳因此有"戏县"的美誉。

20世纪50年代，揭阳玉春香潮剧团经过数十载的发展，团中众多潮剧艺人后来成为广东潮剧院的艺术骨干。20世纪80年代，玉春香剧团兼容并蓄，组成了揭阳潮剧团。揭阳本土创作的潮剧《丁日昌》演出后屡获大奖，还在央视上播出，成为现代揭阳潮剧的代表性剧目。2008年，揭阳市潮剧被列入第二批国家级非物质文化遗产名录。如今潮剧多通过民间曲艺组织汇演、逢年过节下乡演出、走进校园等方式传承发展。

在后台化妆的潮剧演员

| 英歌："梁山好汉"的英雄之歌 |

勾勒脸谱，穿上戏装，手执双槌，伴着热闹的锣鼓声，英歌舞开场了！打鼓的宋江、挥锤的关胜、舞蛇的时迁……这热闹非凡的英歌有着怎样的前世今生？这一张张油彩下的舞者又有着怎样的故事？

与诸多传统艺术一样，英歌起源于人们在田间劳作后缓解疲乏的消遣。英歌融合了

普宁英歌舞台表演

戏曲、舞蹈、武术等多种艺术形式,发源于潮汕地区,表演中带有十分浓厚的潮汕特色。它源于明,盛于清,距今已有三百多年的历史。从表演者的扮相上不难看出表演的是《水浒传》的故事,经了解得知,是根据《水浒传》中第六十六回《时迁火烧翠云楼,吴用智取大名府》的故事改编,讲述了梁山好汉大破大名府、智救卢俊义的侠义之举。

英歌原是边唱边舞,故称"唱英歌",如今唱的部分已经被潮汕本地的大锣鼓取代,只有一些老艺人还依稀记得几句。声势浩荡,锣鼓喧天,画着脸谱、穿着戏装的"梁山好汉"们蜂拥而出,有的手执双槌,有的持拿小鼓,踩着鼓点,敲打起舞。有"布田""洗街""旋槌""槌花"等形态各异的舞姿动态,他们时而腾挪闪跃,时而呐喊疾行,时而三五成群,时而一哄而散,动作矫健,场面恢宏,一开场便牢牢吸引了观众。在演出中,宋江击鼓的霸气,关胜、武松挥锤的果决,还有时迁舞蛇的灵动,给观者无尽的看点,一气呵成,气势磅礴,让人目不暇接,好一场淋漓尽致的表演!这便是气势磅礴的英歌舞。

如今在揭阳,大大小小的英歌队有近两百个,多以村落为单位,每个英歌队的人数一般十几到几十人不等,演出人员都是英歌的爱好者,来自各行各业,年纪从弱冠到花甲都有。英歌队有演出,他们画上油彩、穿上戏装、拿起双槌,就是英歌的表演者。在揭阳的众多英歌队中,以普宁英歌最为有名,2006年,普宁英歌被列入第一批国家级非物质文化遗产名录。普宁英歌的表演人数一般为16到24人,也有演出增至32或36人,最多以梁山一百零八将数目为限。

受历史、地形等多种因素的影响,普宁英歌形成了快板英歌、中板英歌、慢板英歌三个流派。国家级非物质文化传承人、南山英歌队的队长陈来发便是快板英歌的代表人物。他19岁加入英歌队,33岁挑起南山英歌队的大梁,如今这位年逾耳顺的普宁汉子,依旧活跃在英歌队中。从艺41年,说起最让陈来发骄傲的事情,莫过于2008年奥运会,陈来发带领南山英歌队,在天安门广场表演了《英歌飞进北京城》,带着一支农民队伍到天安门演出,让全国人民看到了普宁英歌,也将普宁英歌带入了世界舞台。

现今,游神赛会、传统节日以至各种庆典,英歌舞依旧是潮汕人民喜闻乐见的"硬菜"。从乡村到世界,从广场到舞台,英歌带着浓郁的地方特色和丰富的文化内涵,矫健地前行着。

┃木雕：木头的华丽变身┃

潮州木雕是中国传统的民间技艺，主要流行于粤东的潮汕地区，因这些地区旧时都曾属潮州府，故当地的木雕广义上统称潮州木雕。潮州木雕因多上金漆，也称潮州金漆木雕，与东阳木雕、安徽木雕、山西木雕并称为中国木雕四大流派。

潮州木雕始于唐代，兴于宋代，但那时金漆木雕较为少见；到明代趋于成熟，金漆木雕逐渐增多，但也仅限于寺庙建筑装饰。直至清朝中后期，潮州木雕才达到全盛时期。潮汕地区众多祠堂庙宇几乎都会用木雕做装饰，从斗拱梁架到神龛器具，皆是金碧辉煌，精致繁复。揭阳木雕属潮州木雕支系，钱坑镇埔尾龙乡是揭阳的木雕之乡。清康熙至宣统年间，钱坑境内祠堂庙宇兴盛，从五华等地引进许多木雕工艺师傅来做装饰工作。钱坑人从那时开始接触木雕，经过不断的学习和探究，部分人开始掌握木雕工艺，代代相传，

潮州木雕的雕刻工具

揭阳钱坑木雕博物馆里展示的金漆蟹篓

发现城市之美·揭阳

九狮摆件是潮州木雕里的经典作品（收藏于揭阳钱坑木雕博物馆）

至 20 世纪 70 年代，已形成全乡规模化。

潮州木雕基本采用浮雕、通雕、圆雕、沉雕等技法，以通雕最为多见。内容丰富，题材广泛，多是花鸟鱼虫、珍禽瑞兽、山水人物、民间传说、历史戏曲、典故等，最具代表性的是狮子和鳌鱼。揭阳古溪陈氏宗祠和榕城北门关帝庙的木雕，皆为潮州木雕作品中的佼佼者。

潮州传统木雕多选用樟木和杉木，是因其易于取材且不易被虫蛀。发展至现代，木材用料和样式也更加多元化，花梨、酸枝、柚木等被用于装饰摆件、屏风、挂屏等，为木雕的发展打开了新的道路。揭阳钱坑木雕博物馆内就展示了多种不同品类、材质的木雕作品，琳琅满目。

如今，钱坑镇从事木雕业的有上千人，林汉旋、林雪群、林少党等是揭阳木雕技艺的代表性传承人。木雕制作皆靠言传身教，再加上自己的理解和创意。一般手艺人先画好设计图纸，再凿粗坯。经验丰富的师傅直接在木料上用铅笔、粉笔勾勒造型，边画边雕。精雕完成后上清漆，再经过多番打磨，最后再上油贴金箔。作为建筑装饰的木雕，有的还加入各种彩漆，形成色彩鲜艳、富丽堂皇的木雕群，具有鲜明的地方特色。2008年，揭阳潮州木雕被列入第二批国家级非物质文化遗产名录。

揭阳钱坑木雕博物馆展出的代表作品《百鸟朝凤》

玉雕：琢璞成玉的魔法

"玉不琢，不成器"，揭阳玉雕技艺是我国民间传统雕刻艺术中的文化瑰宝，其中阳美翡翠玉雕于 2008 年被列入第二批国家级非物质文化遗产名录。

揭阳磐东街道阳美村，是中国最大最集中的翡翠玉器加工基地，有"阳美玉都""亚洲玉都"的美誉。阳美村村民利用农闲时间从事玉器加工已有一百多年的历史。

阳美不产玉石，玉石原料多来源于缅甸、泰国和中国新疆和田，其中以缅甸翡翠为主。阳美的翡翠玉雕风格属于南派，融合了潮汕地区传统的木雕、石雕工艺，雕工细腻，运用浮雕、镂空雕、调水雕等多种技法，设计出很多奇特精巧的翡翠艺术精品。阳美玉雕以小型的挂饰或风水摆件为主，雕刻题材与时俱进。

阳美是中国最大的翡翠玉石加工基地

第一章 文化溯源

玉雕师傅正在雕琢玉器

随着阳美玉雕声名远播,阳美也聚集了来自全国各地工艺精湛的玉雕师。如何让一块璞玉变为精品,考验的是玉雕师的经验、技艺和胆识。制作玉雕通常有几个环节:观色,选题,粗雕,定型,细琢,抛光,装饰。玉雕师常常要赌石,通过玉料原石看颜色,再根据玉石的颜色分布来确定造型。若不把玉石琢磨透彻,是无法设计和雕琢出翡翠精品的。只有因料施艺,才能将玉石的颜色巧妙地运用到雕刻题材中,充分体现玉的价值。在工艺方面,利用玉石的天然纹理,剔脏去绺,最终达到化瑕为瑜的效果。

《富贵双喜花篮》翡翠摆件

发现城市之美·揭阳

｜乔林烟花火龙｜

"龙"是中国神话传说中的神异动物，龙以其特有的文化凝聚和历史积淀，已扎根于中国人的潜意识里。广泛流传的龙舞是中国分布最广、影响最深远的一种民间舞蹈，因地域不同，龙舞风格迥异，仅从造型上来区分，就有火龙、布龙、纱龙、纸龙、草龙、钱龙、竹龙、棕龙、板凳龙、百叶龙、荷花龙、鸡毛龙、肉龙等多种形态；龙的形态不同，舞蹈造型和技法也各不相同。

揭阳市区西部的乔林乡，位处岐山之阳、榕江之滨，俗称"烧龙"的乔林烟花火龙是揭阳最隆重的民间艺术活动之一。早在明代，"烧龙"就流行于磐溪都古乔（今揭阳磐东镇乔东村、乔西村和乔南村），相传是乔林人成功抗击外来势力侵略后欢庆胜利的

烧龙。在彩龙上安装各种烟花火药，表演时烟花齐发，火花璀璨

第一章 文化溯源

乔林烟花火龙表演

一种方式,后演化为贺岁民俗,表达风调雨顺、国泰民安的美好祝愿,六百多年来在当地传承不绝。经过历代艺人的传承发展,乔林烟花火龙融舞蹈、服饰、潮州音乐、武术于一体,表演风格刚强威猛,动作洒脱干练,呈现出独特的潮汕民间艺术特征。

2008年,"龙舞·乔林烟花火龙"被列入国家级非物质文化遗产名录。这项世代沿袭的民俗,于每年农历腊月开始制作龙身,正月初八至初九安装各式烟花火药。农历正月初十夜,随着一阵铿锵有力的锣鼓声,游龙、舞龙、烧龙在乔林乡间上演,其场面可谓烟花璀璨、万民欢腾。三十多位青壮年打赤膊、穿短裤、头戴小竹笠,协力舞动一条曲折蜿蜒的巨龙。震天的锣鼓敲出了满腔的豪情,彩龙上数支直指夜空的烟花瞬间齐发。彩龙口里喷着焰火,眼里射出金光,身上喷溅的火花洒金泼银般,尾巴也绽放出绚丽的火花。随着舞步的变化,龙首紧随掌珠人翻腾起伏,盘龙飞舞,奔泻的火瀑汇成一条璀璨银河。烟花时而如流星雨般洒落人间,时而似柳丝垂入夜空,将夜幕下的乔林装点得流光溢彩,喝彩声、尖叫声、锣鼓声、鞭炮声,一齐为春天的到来报幕。

|嵌瓷：屋顶上的装饰艺术|

走进揭阳，在祠堂、庙宇的屋脊上，总能看到龙飞凤舞、花团锦簇的装饰。这些装饰在阳光的映射下闪闪发亮，走近一细看，这些装饰竟是由无数瓷片拼接而成的。听当地人说，这种房屋装饰便是嵌瓷，俗称"聚饶""贴饶"或"扣饶"。不仅在揭阳，嵌瓷在整个潮汕地区都十分普遍。

嵌瓷工艺兴于明，盛于清。最初是一些工匠本着"废物利用"的理念，将废弃的陶瓷剪切，创造性地拼接出简单的花草图案来装饰屋顶。由于色彩绚丽，又经得起风吹雨打，嵌瓷工艺很快便在湿润多雨的潮汕地区传播开来。至清末，嵌瓷工艺已经十分成熟，不仅在原材料上有专门为嵌瓷工艺烧制的瓷碗；在题材上也十分丰富，有花鸟鱼虫、戏曲人物、飞禽走兽等等，取平安和谐、富贵吉祥之意。

潮汕祠堂、庙宇素以富丽堂皇著称，嵌瓷工艺功不可没。制作嵌瓷时需先设计好图案，

普宁南溪村张氏家庙的嵌瓷

第一章 文化溯源

嵌瓷需先用铁丝、灰浆塑出人物、动物等雏形，再用瓷片精心贴制

用铁丝塑好坯架；然后用灰浆塑出雏形；再选取合适的瓷片，用钳子敲、剪成合适的形状，用平嵌、浮嵌、立体嵌等多种样式精心贴制；最后对作品进行综合调整。嵌瓷工艺对艺人的要求很高，不仅要有绘画、泥塑功底和色彩空间感，还因为其施工的特殊性，许多嵌瓷工艺都需在屋顶进行，在精湛技艺的基础上，更考验艺人吃苦耐劳的精神。

普宁的嵌瓷工艺久负盛名，有"嵌瓷之乡"的美誉，清末至民国初期极盛，出现了一批以陈武升、何云翔为代表的名师巧匠。普宁赤水村的陈宏贤是著名的嵌瓷传承人，其父是何云翔的高徒。陈宏贤在十几岁便跟随父亲学习嵌瓷工艺，深得父亲真传，一晃四十多年过去了，年逾六旬的陈老依旧沉迷嵌瓷，并紧跟时代脚步，与时俱进，在嵌瓷材料和题材上不断创新。受到父亲影响，陈家三兄弟也都从事与嵌瓷工艺相关的工作，曾经为了逃避剪瓷片故意弄破瓷片的少年们已经长大，如今三兄弟继承了父亲衣钵，在大小工程中也都能独当一面。

嵌瓷作为潮汕民间建筑的三大装饰艺术之一，随着祠堂、庙宇的重修，又焕发出了新的生机。2008年，普宁嵌瓷被列入第二批国家级非物质文化遗产名录。这项古老的民间技艺正迎来发展的春天。

青狮：潮汕狮舞之最

在中国民间，狮子被视为祥瑞神物，能驱魔辟邪、镇宅招福。借助狮子万兽之王的威灵以达到驱邪招福的愿望，便有了舞狮的习俗。舞狮风格有南北之分，形式多样，种类繁多。揭阳榕城的青狮是南方舞狮中的一种，是揭阳独有的舞狮文化。青狮发源于潮汕地区，最具特色的是青色面目上醒目的白眉，"青狮白目眉"的美誉由此得来。

青狮采用传统手工制作，用木头做支架，用牛皮纸一层层由内向外涂贴，达到一定厚度后涂上青色颜料，画出额头、眼睛，雕刻鼻孔，最后安上耳朵和用兔毛特制的白眉毛，辅以狮身和狮尾。制成的青狮前额突出，目似铜铃，口型阔大，狰狞威猛。由于体型庞大，加上狮头的制作材料多以木头为主，最重的青狮有二十多斤，一般人稍微舞几下便会气喘吁吁，所以舞青狮的队员都需经过严格的训练，有一定的武术功底，一般的狮队是不敢舞青狮的，这也印证了青狮在狮队中"狮王"的地位。

青狮表演一般两人一组，表演者身着特定的舞狮服装，两人相互配合演出，需十分

青狮最具特色的是青色面目上醒目的白眉，有"青狮白目眉"之称

第一章 文化溯源

青狮祈福表演的场景（郑楚藩摄，中共榕城区委宣传部供图）

默契。表演过程有着严格的程式，称为"打狮节"。其中最考验青狮舞者功夫的环节当属"采青"了：青狮舞者需相互配合，搭起人梯，采青的青狮随着鼓点时而跳跃，时而疾走，边舞边沿着数米高的人梯攀爬，直至咬中挂于高处的彩头。大胆惊险的动作、精湛娴熟的技艺，每每演出，都赢得满堂喝彩！

与许多传统文化一样，青狮的传承也是一波三折，20世纪90年代，受到外来舞狮文化的冲击，青狮开始慢慢淡出舞台。直到2003年，随着国家对非物质文化遗产的发掘、保护，青狮得以再次回归大众视野。榕城南门孙氏传承青狮文化已有三百多年的历史。八十多年前，练南枝拳出身的孙振高为了传承青狮精髓，开馆授徒。现今，孙淑强接过父亲孙振高的衣钵，继续传承青狮文化。作为国家级非物质文化遗产传承人，孙淑强创办了揭阳市孙淑强狮艺武术馆，每年前来学习的学员有五六百人。

如今，潮汕民间神诞祭典、进宅奠基、游神赛会等各种活动中，依旧有舞青狮的习俗。2010年，孙淑强先后参展了第六届中国（深圳）国际文化产业博览会和广东省第三届"侨博会"，向国内外掀开了青狮古老神秘的面纱。现在，青狮作为国家级非物质文化遗产，誉满海内外。

| 铁枝木偶戏 |

潮汕地区的木偶戏源自皮影戏。皮影戏产生于西汉时期,南宋时,南渡的中原移民将皮影戏带入潮汕地区。在漫长的岁月中,来自中原大地的皮影戏融入了大量当地文化元素和表演形式,逐步形成了潮汕地区独特的"铁枝木偶戏"。

相比于传统的皮影戏,揭阳铁枝木偶戏有自己的独特性。据揭阳铁枝木偶制作传承人洪锡秋介绍,揭阳铁枝木偶头部用泥塑制成,晒干、烘烤定型后再描上五官;躯干用木头削制而成,为了操作灵活,四肢的关节处用金属片连接。木偶的头饰和服装也是根据戏剧中不同的角色精心裁剪缝制而成的。整个制作过程几乎纯手工,制作好的木偶形象立体,操作起来生动灵活,简直如缩小版的戏剧演员一般。

在揭阳,凡遇红白喜事、祭祖、谢神、迎老爷等活动,基本都会请当地木偶剧团来"热

铁枝木偶戏表演

第一章 文化溯源

闹"几天。揭阳铁枝木偶戏的剧目丰富多彩，有《刘明珠审玉芝兰》《白兔记》《告亲夫》等经典戏剧；也有当地人耳熟能详的本地历史故事，如反映揭阳荔浦苏六娘故事的《苏六娘》，反映发生在潮州凤凰山和饶平红螺州起义故事的《辞郎洲》。

揭阳的铁枝木偶戏班成员从五六个到十几个不等。每个成员都是多面手，不仅要对很多剧本了然于心，有时一个人要操作两三个木偶或三四种乐器。木偶戏艺人藏身在幕布后，通过连接在木偶身上的铁枝让木偶做出各种动作，或坐，或行，或打斗，一招一式干净利落。一旁的乐手们分工明确，将大小唢呐、琵琶、月琴、大鼓、低音鼓、斗锣等潮汕地区的传统乐器配合得恰到好处。"一口道尽千古事，双手对舞百万兵"，这是对铁枝木偶戏最真实的写照。

制作木偶的戏帽

揭阳铁枝木偶戏是中国汉族木偶艺术中独一无二的民间艺术，被列入国家级非物质文化遗产名录。揭阳老赛宝木偶剧团的孙树忠是揭阳铁枝木偶戏的代表性传承人，孙伟翔在父亲孙树忠的带领下，在这个行业摸爬滚打十多年，也早已独当一面。近年来，传统民间艺术越来越受到重视，如何让铁枝木偶戏这项古老的民间艺术注入新的活力继续传承下去，是非物质文化遗产传承的重要课题。

揭阳铁枝木偶制作传承人洪锡秋正在裁剪、制作木偶戏服

|"灯竿彩凤"祭祖习俗|

"灯竿彩凤",即"竖灯竿,升彩凤",是揭东龙砂村、港畔村及其周围江姓村民(旧称龙砂族)用以纪念其先祖江万里的一种民俗活动,已被列入国家级非物质文化遗产名录。

南宋末年,元军南下,丞相江万里带兵镇守饶州城,与元军血战,因敌众我寡,城破失守,江万里誓死不投降,率众投水殉国。其子孙为躲避元兵追捕,几经辗转,栖身潮州开元街。后来,江万里的孙子江汝祖、曾孙江恬息迁至揭阳龙砂乡定居。安顿下来的江万里的后人,思念先祖江万里,又不敢公开祭祀,因江万里生平喜凤,遂以"竖灯竿,升彩凤"的形式纪念先祖,表示不忘家国,并世代相传。

传统的龙砂乡包括现在的龙砂、港畔、云南、陇埔、枫口、刘厝、王厝、顺利等八个村庄,"竖灯竿,升彩凤"是他们共有的习俗,每十二年才举行一次,一般定在农历十月初十这一天。举行"竖灯竿,升彩凤"习俗时,龙砂片村的江姓村民每家每户都会

龙砂乡江姓村民"竖灯竿、升彩凤",以纪念先祖江万里(中共揭东区委宣传部供图)

第一章 文化溯源

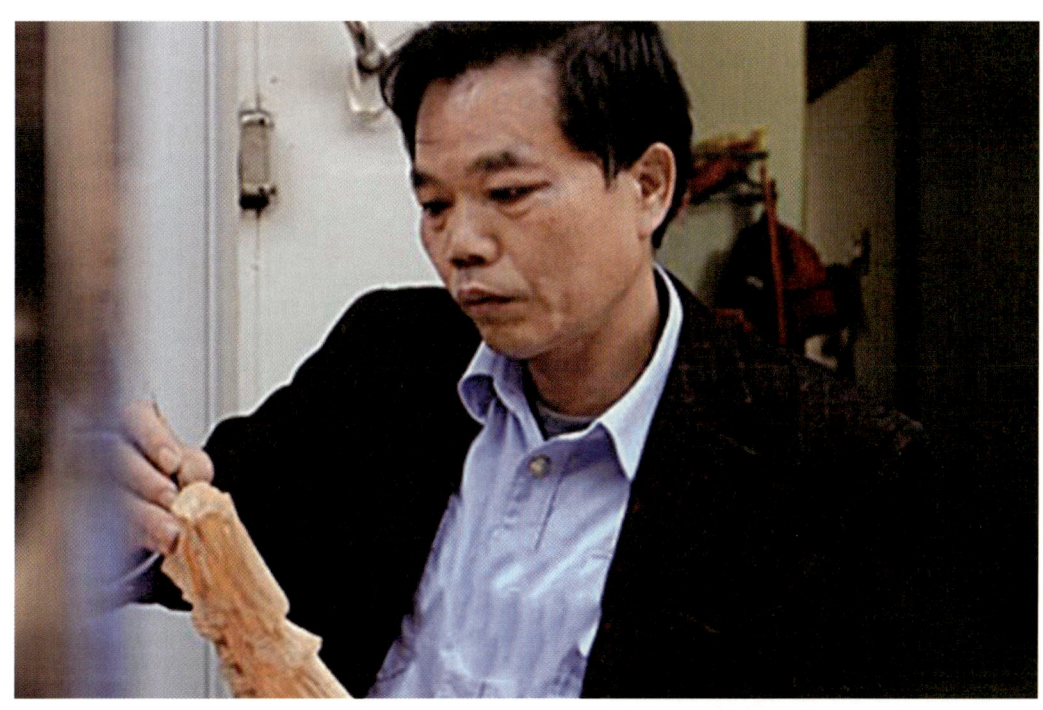

龙砂彩凤制作技艺传承人江吟羽正在制作彩凤

竖一根十多米长的毛竹，尾部留着竹叶，竹尾悬挂灯笼，而灯笼上方挂着一只五色"彩凤"。凤尾与凤身都披着绣有金色丝线的红绸缎，上面写着"吉祥""幸福"字样。"彩凤"下方挂着风铃，清风吹过，家家户户铃声轻响，清脆悦耳，相互呼应；无数"彩凤"转动，展翅欲飞，场面蔚为壮观。夜幕降临时，村民们约好一起点亮灯笼，万家灯火，龙砂乡俨然成了一座五彩斑斓的灯城，辉煌亮丽，美不胜收。

龙砂乡每家每户都竖灯竿，升彩凤，对彩凤的需求庞大，于是便出现了一些技艺传承人和彩凤制作专业户。江吟羽便是彩凤制作技艺的代表性传承人。制作彩凤一般要先设计出彩凤图样，交由木雕厂批量制作凤头的雏形，再由专业户自行设计进行精细的雕刻、彩绘，安装配件，做成的"彩凤"色彩丰富，惟妙惟肖。

随着科技发展，如今的"竖灯竿，升彩凤"不仅悬挂灯笼，还在灯笼和"彩凤"上安装各式五彩的电子闪灯，整个场面更加辉煌壮观。彩凤制作专业户江炳辉对彩凤制作工艺进行创新，在彩凤上装了马达，一接通电源，翅膀能上下扑腾，栩栩如生。但不管形式如何变化，"竖灯竿，升彩凤"表达的期盼如意吉祥的美好愿望依旧。

近代革命风云

东征时期之揭阳

19世纪20年代,北洋军阀割据一方,南方军阀亦蠢蠢欲动。在广东地区,孙中山与陈炯明因政见不合,矛盾日渐激化。1924年,孙中山受北洋政府邀请北上商议国事,退守东江的陈炯明军队趁机兵分三路,意图攻占广州。广东革命政府组织东征联军,分兵三路讨伐陈炯明,于1925年2月,开始第一次东征。

许崇智率粤军和黄埔军校学生组成的两个教导团任右路,黄埔军校校长蒋介石兼任粤军参谋长,黄埔军校政治部主任周恩来随军出发,东征军从南面沿海东进,向淡水、平山、海丰、陆丰和潮汕进发,以洪兆麟的驻地为目标。担任左、中两路的滇军和桂军是地方军阀,领军的杨希闵、刘震寰二人各怀异心。左、中两路行至惠州却不再前进,持观望态度。

1925年3月上旬,东征右路军一路向东攻营拔寨,顺利占领揭阳、潮安、汕头等地,洪兆麟退饶平,叶举退大埔。3月6日,蒋介石、周恩来等率领黄埔学生军抵揭阳,下榻于当时的县议会。随后周恩来搬进揭阳学宫崇圣祠办公,住在崇圣祠东厢房。其间,

第一章 文化溯源

周恩来主持政治部会议，接见了左派团体组织代表，大力开展革命宣传，明确指出建立共产党、青年团组织的重要性。

棉湖战役

当东征右路军一路东进，将洪兆麟部逼退至饶平，正欲乘胜追击之时，担任左、中两路的杨希闵滇军和刘震寰桂军竟然掉头撤兵。盘踞在五华、兴宁一带的陈炯明部下林虎集结兵力南下，开进河婆，企图切断右路军的后路，将东征军消灭于揭阳一带。

3月10日，林虎大军近两万人由河婆分两路进袭里湖和棉湖。东征军急忙调兵部署，

位于揭阳学官内周恩来同志革命活动展览馆的周恩来雕像

由蒋介石、周恩来、加伦等率何应钦的黄埔军校教导一团、钱大钧的教导二团、许济的粤军第七旅迎战林虎。部署教导一团向棉湖前进，正面攻打棉湖前方的和顺乡；教导二团朝池尾前进，攻打里湖；粤军第七旅则绕至棉湖东北塔头埠，袭击林虎军的左侧，形成三面夹击的态势。

13日，教导二团被困在错综复杂的山区，未能正面迎敌；第七旅由于迂回路远，无法按时与敌接触，与校军失去联系。两支军队都未能按原计划加入战斗，导致教导一团的1000多人对阵近10倍于己的林虎大军。上午8时许，棉湖之战在大公山下打响。

何应钦指挥一团第一营为前锋，攻击正面的林虎军；第二营为总预备队；第三营则绕攻林虎军的左侧，以策应第一、二营。战斗一触即发，一营奋勇抗敌，但寡不敌众，伤亡惨重。林虎开始调动更多兵力向新塘村西崩山的教导团指挥部进攻，此时的新塘村成为主要战场及反复争夺之地，而蒋介石、廖仲恺、周恩来等此时都在指挥部里。危急时刻，何应钦命令第二营营长刘峙率第六连赶来支援，蒋介石也命令陈诚动用炮兵。炮

由许崇智、蒋介石等率领的粤军是第一次东征的主力军

第一章 文化溯源

位于揭西棉湖镇兴道书院的棉湖战役展览室

兵连连长陈诚亲自拉火,连开三炮,一击即中,炮兵的突然发力,有效地击破林虎军的进攻。

上午 11 时 30 分左右,许济率领粤军第七旅赶来支援,林虎军开始退往和顺方向。第七旅及一团追至和顺乡后,遭到林虎军总预备队的疯狂反扑。战至下午 3 时,一团已伤亡殆尽,林虎军距离指挥部不过四五百米。千钧一发之际,何应钦命令士兵在阵地周围插上旗帜,摇旗呐喊,以迷惑对方,上演一出"空城计",加上学兵连扼守山北湖桥,使左翼之敌无法越雷池一步,从后方包抄教导一团指挥部,林虎军不再轻易前进。下午 4 时,战争已呈现胶着状态,关键时刻,教导二团终于赶至和顺,从后方攻击林虎的指挥部。林虎军突然遭到袭击,军心大乱;时近黄昏,前方又旌旗遍布,不敢贸然死战,于下午 6 时开始撤退,率残部败走五华。这场以少敌多的战斗,持续了近十个小时,终于在黄埔军校教导团的胜利中落幕。

棉湖大捷之前，东征军将指挥部设在棉湖兴道书院。棉湖大捷后，粤军陈铭枢旅与警备军向河婆进发，协同教导一团、二团进入河婆，指挥部驻大光学校。接着，东征军乘胜追击，连续攻克了五华、兴宁和梅县，林虎和洪兆麟率残部逃至福建边界，杨坤如向右路军投诚，陈炯明潜居于惠州。4月初，第一次东征胜利结束。

河婆战役

第一次东征的胜利沉重地打击了陈炯明的势力，壮大了革命军的力量，促进了工农运动的发展。1925年5月，杨希闵、刘震寰两部在广州发动叛乱，东征军迅速回师平乱。9月，陈炯明残余势力卷土重来，陆续占领了东江地区，向广州挺进。

为了彻底消灭陈炯明的势力，广州国民政府组织国民革命军，由蒋介石任总指挥，汪精卫任党代表，周恩来任总政治部主任，于10月1日开始进行第二次东征。当时，陈炯明主力集中在惠州地区，东征军攻克了号称"天险"的惠州城后，分三路纵队乘胜东进，得到东江和潮梅农军的响应和支援。

在攻下海丰、陆丰后，蒋介石、周恩来、何应钦率东征军第一师第一团刘峙部和第二团金佛庄部于10月26日到达河婆，分别住在大光学校、文祠前等处，指挥部设在大光学校。彼时洪兆麟从海丰退至榕城，集结李云复、陈修爵、谢文炳等部，盘踞在棉湖和里湖一带。28日，东征军第一师第三团到达河婆，与第一、二团会合。27日，东征军第三师在紫金东边的塘湖遭到敌军林虎部一万余人的伏击，由于众寡悬殊，第三师陷于苦战中。蒋介石得报，于30日率领一师二、三团及师直属部队前往增援，只有一团留守河婆。洪兆麟乘机率三四千兵力，从里湖直奔河婆。一团团长刘峙怯战，此时周恩来因病住在河婆大同医院，正发高烧，闻讯后即令刘峙及党代表贺衷寒率军驰奔九斗、樟树坑布防阻击敌人；又令新到河婆的潮梅挺进军千余人，西出庙山及北坑一带，掩护侧后；自己则抱病临阵指挥。此役从早晨打到中午，洪兆麟腿部受伤，部下死伤甚多，四处逃散。

随后，在东征军三路纵队的追击下，很快全歼陈炯明军残部。11月3日，周恩来率国民革命军第一军政治部入驻揭阳榕城，下榻学宫崇圣祠。当晚在商民协会接见工农商学代表，指示他们要组织起来，开展国民革命运动。11月4日，革命军离开揭阳向汕头进发。11月8日，第二次东征取得了彻底胜利。

第一章 文化溯源

基督教会建的河婆大同医院，河婆战役爆发时，周恩来正生病住在大同医院

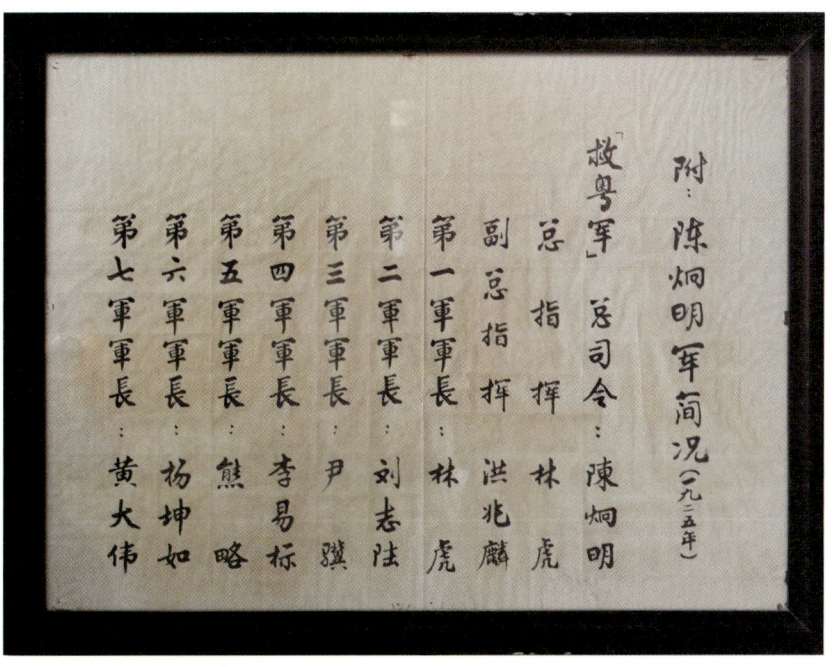

1924年底，陈炯明军自称"救粤军"，欲攻占广州，引发东征战争

"八一"南昌起义部队挺进揭阳

1927年4月和7月，蒋介石、汪精卫相继发动"四一二"和"七一五"反革命政变，第一次国共合作宣告破裂。为了挽救革命，反抗国民党反动派的统治，以周恩来为书记的中国共产党前敌委员会，在南昌组织和领导北伐军队，于8月1日举行武装起义，这就是著名的"八一"南昌起义。

起义胜利后，起义军按原计划于8月3日主动撤离南昌南下，9月中旬进入广东，9月23日占领潮州城，9月24日，起义军抵达汕头，并在汕头发动和组织群众，建立革命政权，惩办土豪劣绅等。9月26日，贺龙、叶挺、刘伯承等率起义军六千多人抵达揭阳榕城，起义军前敌指挥部设于揭阳县商民协会，政治部进驻揭阳学宫，并在揭阳学宫大成殿设办公点。近午，周恩来、叶挺、贺龙等在揭阳学宫崇圣祠召集各部汇报工作。午后，在周恩来同志直接关怀指导下，在学宫大成殿成立揭阳县工农革命委员会。下午，周恩来、叶挺、贺龙、刘伯承、聂荣臻、彭湃等齐集在商民协会楼上召开军事会议。会后，周恩来回汕头。

9月27日，起义军接到情报，汤坑镇仅有敌军王俊部一千余人。总指挥部遂决定驻扎揭阳的贺、叶部队向汤坑进击歼敌。9月28日凌晨，贺龙、叶挺率军奔赴揭阳山湖（今玉湖镇），在浮山村、汾水村一带与前来堵截的国民党军队陈济棠、薛岳、王俊等部一万多人激战，战斗持续两天两夜，双方伤亡惨重，敌方伤亡三千多人，起义军中有两千多名将士壮烈牺牲。为保存实力，30日凌晨，起义军主动撤离战场，转向普宁。这次战役史称"汾水战役"。如今在揭东区玉湖镇竹竿山汾水战役旧址修建的汾水战役纪念公园，就是为了纪念为中国革命牺牲的英烈。

起义军从汾水向普宁方向撤退后，贺龙迅速到汕头向周恩来等领导人汇报，前敌委员会、革命委员会随贺龙紧急撤离汕头，经炮台镇过京北渡，赶向普宁流沙。揭阳二区农会接到情报，遂组织人员协助起义军渡江，渡江临时指挥部设在炮台关帝庙。起义军战士进入炮台镇，在揭阳二区农会和炮台商会的协助下，排除万难，于10月3日渡江完毕。随后，二区农会还派赤卫队员为起义军带路至普宁流沙。

前敌委员会、革命委员会、起义军指挥部等的领导干部相继在流沙会合，10月3日，

在"汾水战役"中,南昌起义军有两千多名将士壮烈牺牲,1979年正式立碑纪念革命烈士

在流沙教堂举行指挥部军事决策会议。会议由周恩来主持,参加会议的有李立三、恽代英、彭湃、谭平山、贺龙、叶挺、刘伯承、聂荣臻、郭沫若、林伯渠、徐特立等。会议从政治上、军事上总结南昌起义以来的经验教训,贯彻了中共中央"八七"会议精神,作出了去掉革命委员会的国民党头衔、分散活动以及把武装斗争与土地革命结合起来等重大

关帝庙在两次"炮台三日红"革命活动中有着重要意义

第一章 文化溯源

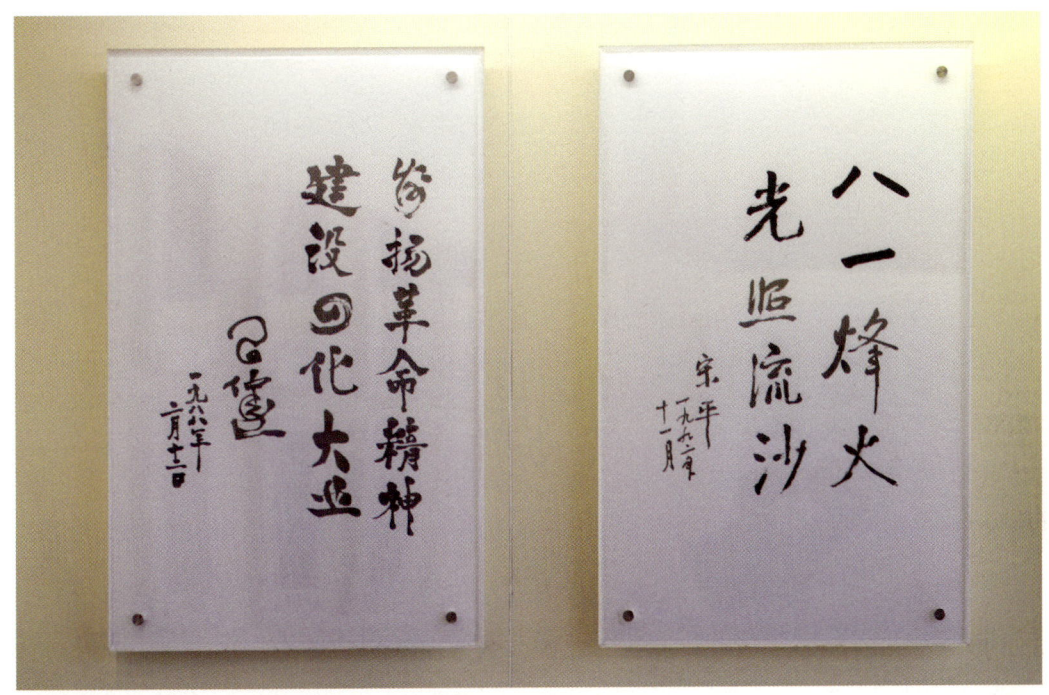

流沙会议博物馆里的题词印

决策，部署了部队今后的行动计划、路线和护送领导人撤离战区的工作。按流沙会议的部署，地方党组织派黄昌业、杨石魂、方家悟、陈开仪等带领南昌起义领导人从陆丰甲子、金厢、湖东、惠来神泉等地全部安全转移到香港。流沙会议在中国革命史上，具有深远的历史意义。如今，"八一"南昌起义南下部队指挥部军事决策会议旧址——流沙教堂，被辟为革命纪念馆，现为广东省文物保护单位及全国爱国主义教育基地。

丹心照日月，碧血书青史。南昌起义打响了武装反抗国民党反动派的第一枪，创建人民军队，是武装夺取政权的开端；虽然在潮汕遭到重大的挫折，但是南昌起义领导人都能够成功脱险，为中国革命保存火种，这在于中国共产党的正确领导，以及潮汕的地方党组织发挥的重要作用。农民协会会员、广大革命群众冒着生命的危险，掩护南昌起义领导人及队伍安全转移，这在中国的革命历史上是一大壮举，很值得后人歌颂弘扬。

流沙会议旧址

发现城市之美·揭阳

大北山红色革命根据地

大北山位于揭西县西北部，属莲花山脉南麓，地处揭阳、梅州、陆丰的边界，山势险峻，重峦叠嶂，山脉呈东北、西南走向，绵延60多公里。海拔1000米以上的山峰有7座，西北方向和梅县的九龙嶂、铜鼓嶂连绵相接，形成天然屏障，具有重要的地理战略位置。

大北山地区是重要的革命根据地，素有"潮汕小井冈山"之称。1922年，彭湃在海陆丰开展农民运动。1924年到1928年间，他在揭阳的革命活动对揭西地区产生了深远的影响。从第一次国共合作到解放战争时期，革命前驱们先后在大北山地区留下了光辉的印记。

第一次国共合作时期，中共广东区委委员长、军事部长周恩来参与带领的东征军曾在这里播下革命火种，星火燎原；土地革命时期，中国工农红军第十一军在大北山地区

大北山地区是革命根据地，有"潮汕小井冈山"之称

第一章 文化溯源

大北山革命历史纪念馆旁边的知青楼

成立，中共五华县委书记古大存领导红军开辟大北山革命根据地，并建立苏维埃政权；抗日战争时期，大北山是揭阳人民抗日游击队诞生地，中共潮汕地下组织在这里建立了广泛的秘密活动据点；解放战争时期，大北山是潮汕军事斗争的中心战略根据地，潮汕人民抗征队司令部、中国人民解放军闽粤赣边纵队二支队司令部、中共潮汕地委、中共揭阳县委、潮梅人民行政委员会等多个重要党政军机关设于此，领导人民开展革命斗争，为中国革命作出重大贡献。

2007年，位于大北山国家森林公园的大北山革命历史纪念馆落成。纪念馆展示大北山地区的自然风貌和民俗风情，重点介绍"五四运动"之后，大北山地区人民在中国共产党的领导下，百折不挠、艰苦卓绝的革命斗争事迹。在社会主义建设时期，知识青年响应党的号召，上山下乡在大北山植树造林，所住的知青楼也按原貌重建于纪念馆旁边，展示了知青们自力更生、艰苦创业的时代风貌。2015年，大北山荣膺"中国十佳红色旅游景区"称号，被评为省级爱国主义教育基地。

大南山石刻革命标语

　　大南山属莲花山脉支系,地势西高东低,横跨惠来、普宁和潮阳(今属潮南),东西长50多公里。大南山是广东省著名的革命老区,境内重峦叠嶂,山势险峻,又濒临南海,具有重要的战略位置。

　　1927年大革命失败后,第二次国内革命战争时期,中共东江特委领导惠来、普宁、潮阳三县党组织利用大南山的优越条件,建立大南山革命根据地。著名的无产阶级革命家彭湃、徐向前、李富春、古大存等先后在这里领导过革命斗争,留下光辉的足迹;1928年3月至10月、1930年10月至1935年6月,东江特委机关曾两次驻留在这里。从1927年到1935年,革命先驱们在大南山坚持了8年艰苦卓绝的斗争,沉重地打击了当地的反动势力和国民党的军事武装,有力地配合了井冈山中央革命根据地的斗争,具有重要的革命历史意义。

大南山革命石刻标语是广东省重点文物保护单位(中共惠来县委宣传部供图)

第一章 文化溯源

石匠翁千带着家人族人前赴后继冒险凿刻的革命标语（中共惠来县委宣传部供图）

大南山境内革命旧址众多，而最引人瞩目的是分布于惠来、普宁、潮南交界地带的石刻革命标语。1930年底，中共东江特委进驻大南山后，潮普惠县委、县苏维埃政府组织翁千等石匠不畏敌人的血腥大屠杀，多次躲过敌人的袭击，在盐岭径巍峨的35块巨石上凿刻57条革命标语。其中属惠来县的有10条、属普宁市的有10条、属潮南区的有37条。革命标语的主要内容有"反对帝国主义瓜分中国""苏维埃不杀白军士兵""建立赤色工会""打倒国民党""准备夺取全广东政权""工农兵一家人"等。这些标语反映了大南山根据地人民群众的革命意志，鼓舞了军民的士气和革命到底的信心。

大南山石刻革命标语是全国仅有的保存较完好的土地革命时期石刻标语，是土地革命时期大南山根据地革命斗争历史的见证，是珍贵的革命文物。1985年，被列为广东省重点文物保护单位。

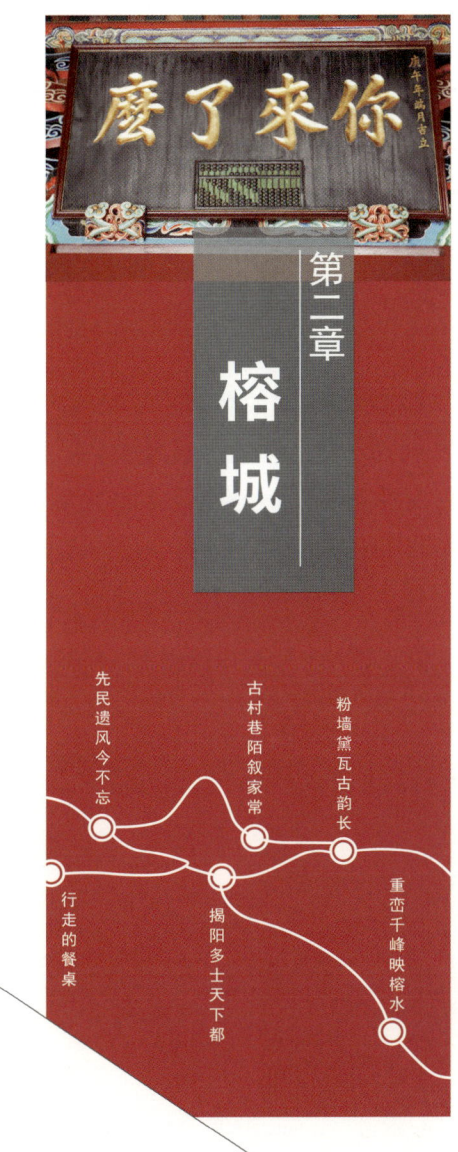

第二章

榕城

- 先民遗风今不忘
- 古村巷陌叙家常
- 粉墙黛瓦古韵长
- 行走的餐桌
- 揭阳多士天下都
- 重峦千峰映榕水

榕城：山水名城多胜迹

榕城，是揭阳核心城区，也是广东省历史文化名城。自南宋绍兴十年（1140年）揭阳复置县以来，一直为揭阳县治驻地，迄今已有870多年历史。母亲河榕江蜿蜒穿梭，城区被榕江南北二河勾勒成葫芦状，江河如系在葫芦之上的飘带，素有"浮水葫芦""水上莲花"之称。

榕城水系丰富，河网交织，那些纵横交错的老街区大多沿溪而建，"市上人家半系船"，形成了枕水而居、坊市合一的岭南水乡特色。榕城享有黄金水道和状元港之美誉，在很长一段时间内都是潮汕西部及嘉应地区（今梅州）的货物集散地。揭阳的陈泰兴、林祐记、名丰号等众多商户都是利用水路便利，开展江浙沪以及东南亚地区的生意，从而发家致富的。

榕城得天独厚的环境孕育了丰富的人文历史。历史上，榕城地区人才辈出，这片土

榕城风貌（郑楚藩摄，中共榕城区委宣传部供图）

第二章 榕城

地先后哺育了"陈夫子岩"陈希伋,"潮州后七贤"中的郭之奇、黄奇遇、宋兆禴,武状元林德镛,还有近代书画界翘楚林伯虔、孙星阁、林受益……他们都是揭阳历史上耀眼的繁星,是古城悠久历史上的一抹浓重的色彩。

榕城两河夹流,平畴百里,风景秀丽。境内众多的古代建筑、名胜风光是榕城区宝贵的文化遗产。有创建于南宋初年的揭阳学宫、禁城遗址,明代的进贤门、双峰寺、城隍庙、古榕武庙,清代的丁日昌府、祜记祠堂,民国初期的中山路、西马路等历史文化街区,还有阡陌纵横、群峰滴翠的黄岐山、紫峰山等集人文与自然于一体的景观。可谓四时景色观不尽,八方名胜叹未休。

悠久的历史造就丰富的民俗文化,榕城民俗文化乡味十足,丰富多彩。青狮、彩画、南枝拳、行彩桥等非物质文化遗产是榕城的文化灵魂,构筑起榕城人安身立命的精神家园。

这些丰富而灿烂的民间文化遗产构成了榕城深厚的底蕴和内涵。往事越千年,榕城这座古老而又年轻的城市,涵古韵一脉,披清风一缕,如今正款款走进新时代。

重峦千峰映榕水

| 紫峰山 |

"青牛入关而令尹迎，白马驮经而鸿胪改。"历代的佛寺道观承载着人们的信仰，历古至今，废而重兴，招提精舍每占名山胜境，梵宇洞天亦常临圣地。

揭阳紫峰山风景区，地跨仙桥与梅云两个街道办，西南与普宁交界，高约600米，峰峦耸拔，树木蓊郁，山明水秀，风光旖旎，正是佛教修建道场的清幽之地。名岩佛寺相映生辉，成为集自然景观和人文景观为一体的胜景。

紫峰山系的众多名岩古寺，多为明代时始建，周围山泉淙淙，奇石磊砢，

明洪武年间古揭阳八景之一"紫峰春晓"

第二章 榕城

皆为佳胜。桂竹园岩的仙湖古寺、"曲水流觞"的摩崖石刻、仙湖寺旁的丁日昌墓,使之人文内涵丰厚;汤前岩的紫峰古寺,正是明洪武年间古揭阳八景之一的"紫峰春晓";明宗岩的明宗岩寺、桂竹园岩里的绥福岩、大湖岩的天山古庙、北山岩龙珠马寺的观音阁,都是山上巨石之间或堆积或断裂形成的天然岩洞,古人因地制宜,以洞为庙,供奉神祇。

紫峰山系的龙珠寺

发现城市之美·揭阳

紫峰山系桂竹园岩里的绥福岩

如今，各寺经重修扩建，殿堂开阔，红楣绿角，古色古香。

　　古寺碧水映青山，名岩奇石展趣姿，于山林之中，晨钟暮鼓，梵音袅袅，令人心境澄明，顿感豁达。荣辱过处皆成梦，忧喜两忘便是禅。

位于紫峰山系汤前岩的紫峰寺

黄岐山

黄岐山位于榕城区北部，榕江北河绕山而过，主峰海拔约293米，总面积1180公顷。黄岐山自揭阳马鞍山山脉绵延而至，因山体呈土黄色而得名。山上有岩、塔、寺、墓等名胜古迹，历代众多文人名家题咏题刻，集自然景观与人文景观为一体，自古以"黄岐夕翠"位列揭阳八景之一。

黄岐山保存着从宋代到现代的众多摩崖石刻

黄岐山自古以"黄岐夕翠"位列揭阳八景之一，现已辟为森林公园

从黄岐山南麓右侧山道登山,首先到达的是竺岗岩。竺岗岩上保存有从宋咸淳年间到近代的多处摩崖石刻,为揭阳市重点保护文物。竺岗岩附近的月容墓和侣云寺,是明代揭阳知县冯元飚为悼念亡妾黄月容而建。明崇祯二年(1629年),冯元飚捐俸于竺岗岩之右建侣云庵,清乾隆四十三年(1778年)和光绪二十一年(1895年)侣云庵两度重修,并更名为侣云寺,现状为1974年复建。寺内有两棵树龄八百多年的古槐树,荫郁苍翠,亭亭如盖。内殿除了敬祀佛祖菩萨,还供奉着月容夫人,寺旁有刘昌潮、王兰若等书法家题写的石刻。

沿途而上为凤岗岩、晚翠亭等,至黄岐山之巅可见五层石塔——岐山塔。岐山塔始建于明代中期,1932年揭阳谢鹤年等诸位乡绅集资重建。整座塔为石头砌成,有"岐山文笔"之称,塔旁巨石上有刻于明崇祯十三年(1640年)的"潜雷石"石刻,字迹清晰

侣云寺为明代揭阳知县冯元飚为悼念亡妾黄月容而建

第二章 榕城

黄岐山之巅的岐山塔,承载着振兴揭阳文运的寄寓

苍劲。正如石刻上所书:"岐山明且秀,榕水碧而清。宝塔如文笔,贤人辈出新。"岐山塔镇于黄岐山之巅,承载着振兴揭阳文运的寄寓。

从山顶沿西侧山道可下至飞凤寺,途经石洞幽邃的崇光岩。黄岐山上,亭台寺庙,名岩秀景。流云翠霭深壑杳,泉鸣鸟啼山更幽。

竺岗岩上刻于南宋咸淳八年(1272年)的摩崖石刻

073

桑浦山

桑浦山是潮汕历史文化名山,地处揭阳、潮州、汕头三地交界处,是韩江三角洲和榕江平原的分水岭。据清乾隆二十七年(1762年)《潮州府志》记载,桑浦山高二百丈,周五十五里,北麓多桑,南连邹堂山。

桑浦山山势巍峨,分内桑浦和外桑浦。由于地壳运动形成了断裂带,加上经年累月的海蚀形成了独特的风貌。山体为花岗岩构成,山貌多岩石裸露,巨石垒叠,形成众多天然石洞,潮汕著名的甘露寺就是其中一个因地制宜的天然岩寺。

桑浦山地跨揭阳、潮州、汕头三市,胜概众多,有雄峰奇石、古树名木、奇花异草、

桑浦山地跨揭阳、潮州、汕头三市,风门古径是古代潮州府往来潮阳县的必经之路

清泉幽洞等，还有众多的人文积淀，集"雄、奇、灵、秀"于一身。

地都镇铁场南坡为桑浦山将军峰的腹地，一座大型的御赐墓葬——翁梅斋墓便位于此。翁梅斋为明代尚书翁万达之父，封资善大夫、兵部尚书。墓前原有神道碑、牌坊两座、石华表、石翁仲、石马、石碑亭等，今多已损毁。在潮汕地区明代古墓保存至今的较少，翁梅斋墓显得非常珍贵。

位于炮台镇的风门古径处于将军峰和大尖峰之间，是古代潮州府往来潮阳县的必经之路，也是古代出入桑浦山、沟通闽粤的重要通道，被称为桑浦山的门户。古径由石阶砌成，四柱三门的山门坊额上所题"风门古径"是以晚清诗人、学者曾习经的字体拓刻。

历代摩崖石刻，明代名臣薛侃、翁万达、林大钦等在桑浦山留下的印记，禅寺、书院、墓葬等名胜古迹，沉淀出桑浦山自然风景区深厚的历史人文底蕴。

桑浦山名胜古迹众多，历史人文底蕴深厚，集"雄、奇、灵、秀"于一身

粉墙黛瓦古韵长

揭阳学宫:古揭阳最高学府

揭阳学宫于南宋绍兴十年(1140年)揭阳复置县时建造,最初称儒学署,位于县治东,即今榕城区韩祠路东侧,古代揭阳最高学府,也是揭阳唯一的官学,肩负着儒学教育、培育科举人才的重任。

揭阳学宫历经各朝代几度重修扩建,现存主要建筑为清光绪二年(1876年)重修。在中国历史上,除了孔氏家庙和国庙,其余的孔庙均是儒学教育与祭祀孔子的礼制性庙宇相结合的场所,多为地方官学,故又称为学庙、文庙或学宫。自唐代以来,各地孔庙均以曲阜孔庙组群为参照建造,形成固定模式,但礼制上不得高于曲阜孔庙和国庙。揭阳学宫是以县级孔庙规格建造,是全国现存的最大规模的府、县级孔庙,规制较为完整。

揭阳学宫坐北朝南,由21座单体建筑组成,占地约2.1万平方米,平面布局为三轴五进。主要建筑布置在中轴线上,依次为照壁、泮池、大成门、乡贤祠、名宦祠、东庑、西庑、大成殿、东斋、西斋、崇圣祠、尊经阁。此外,学宫东轴线上设明伦堂、教谕署、忠孝祠、土地祠,西轴线设训导署、文昌祠等。学宫整体为明清官式建筑风格,又融入

第二章 榕城

了潮汕传统建筑特色。

自棂星门入,过泮池为大成门。门两侧各有一厢房,东为"名宦祠",祀历代地方名宦;西为"乡贤祠",祀历代地方贤人。大成门后跨过天井是揭阳学宫的核心建筑大成殿,旧称先师殿,是孔子的享殿,两边的东、西庑分别设历代先贤先儒牌位79位、77位。大成殿

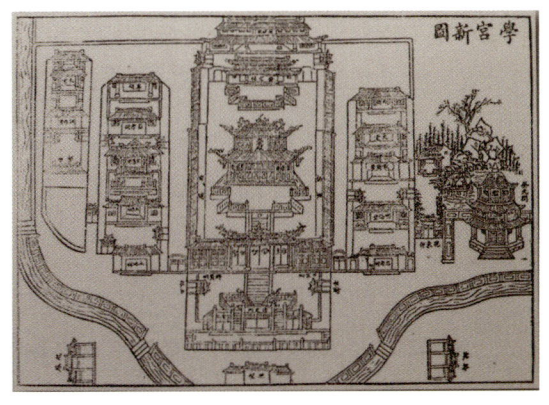

清光绪二年(1876年)修建的揭阳学宫图(揭阳市博物馆供图)

揭阳学宫内部风貌,图为东庑、西庑和大成殿

后是崇圣祠，在大革命时期的两次东征和 1927 年南昌起义部队在揭阳期间，崇圣祠是周恩来生活和办公的场所，现辟为周恩来同志革命活动展览馆。

八百多年以来，揭阳学宫一直是明伦识礼、传播儒学的地方，从这座学术殿堂里走出的人才如黄焕国、郑大进、曾习经等，均是揭阳历史上的翘楚。现在，揭阳学宫虽然不再开设讲堂，但这里举行的"开笔礼"，为一批又一批的孩童进行教育启蒙，传播优秀的中华传统文化。

2013 年，揭阳学宫被列为全国重点文物保护单位。

揭阳学宫的棂星门

揭阳学宫大成殿内的孔子雕像

古榕武庙，威宣南海

古榕武庙位于榕城区天福路，因奉祀关羽，也称关帝庙，当地人俗称"关爷宫"。关羽作为忠义神勇的象征，"生为人杰，没为明神，英魂毅魄，耿耿不磨"，历代被褒封为关帝圣君、关圣大帝等，从统治阶级到平民百姓，都将其奉为灵佑神祇。经过历代的不断演化，关帝也成为海内外众多华人祈求多福多财的信仰。

据《揭阳县志》中《重修关帝庙碑记》记载，古榕武庙为明嘉靖年间推官林维翰创建，明万历二十九年（1601年）通判署县事何景忠首次重修。清雍正三年（1725年），朝廷加封关公祖辈三代为王，县令李景运奉文于庙左盖宇祀神，后毁于台风，雍正五年

古榕武庙保留着重要的明清遗存，现为全国重点文物保护单位

第二章 榕城

（1727年）知县陈树芝重建。至乾隆四十年（1775年），知县刘业勤购地扩建重修，并在外埕对面加建戏台，于乾隆四十三年（1778年）正月落成。现门额上苍劲有力的"古榕武庙"石匾即为当时工程告竣后刘业勤所题写的。

古榕武庙最具特色的是大门廊檐和前厅顶上的木雕。从花鸟瑞兽到历史人物，内容丰富，层次分明。特别是前厅之上的长方形八角木雕藻井，镂雕工艺细腻，样式繁复精巧，底部金漆板画中的人物生动传神，活灵活现，令人叹为观止，是广东省内乃至国内罕见的精致木雕藻井。

古榕武庙正门前立着一对石狮，靠近两边侧门又立着一对石鼓。通常府邸、庙宇或祠堂大门两侧不会同时设立石狮和石鼓；如果同时立则会分开放置，石鼓在门侧，石狮在前埕。古榕武庙这种情况比较罕见。史载古榕武庙共有三进，按今之格局来看，由前厅、拜亭和大殿组成，前厅与拜亭皆为重檐歇山顶，拜亭与大殿紧连在一起。大殿上"威宣南海"的匾额，为清光绪年间福建巡抚丁日昌奏请慈禧太后和光绪皇帝颁赐的，庙内的墙上如今仍嵌着当时的奏折碑刻，《奉按察司禁碑》等多方石碑也保存完好。2013年，古榕武庙被列为全国重点文物保护单位。

古榕武庙的木雕精美绝伦，八角藻井是国内罕见的木雕精品

发现城市之美·揭阳

城隍庙：俯瞰众生善恶

城隍是中国原始信仰祭祀的自然神之一，被视为城池的守护神。城隍神由自然神逐渐过渡到人格神后，一般由有功于当地的名臣英雄充当，并成为中国古代宗教文化中普遍崇祀的重要神祇之一。

自汉代产生最早的城隍人神，城隍信仰不断加强。至明朝，明太祖对城隍神更加推崇，洪武元年（1368年）下旨封都城隍为监察司显佑王，职位正一品，其他各地按府、州、县的等级，分别封为"公、侯、伯"，各地纷纷修建城隍庙。洪武二年（1369年），揭阳县丞许德集资修建城隍庙，供奉显佑伯。此后各朝代对其均有不同程度的修缮。

揭阳城隍庙位于今榕城城隍街中段，为20世纪90年代重新修葺。临街为四柱三门式牌楼。穿过牌楼，是具有鲜明的明清时代特色的殿宇式建筑。屋脊、梁架上精致的嵌瓷和彩画，彰显着潮汕地区独有的文化色彩。大门两边各开一门，门上的匾额分别为"你来了么""也有今日"，乍一看，让人心生震撼。"你来了么"匾额中刻画的算盘引人

揭阳城隍庙大门，门口的对联均有警醒世人的作用

城隍庙正门右侧的门上方挂"你来了么"匾额,匾额中刻画的算盘相传是城隍爷用来盘算人间善恶的

遐思,相传城隍神主管生人亡灵、奖善罚恶、生死祸福等等,神灵俯瞰众生,不管你在人世间活多久,一生行善作恶多少,城隍爷自有算计,告诫众人应多行善积德。大殿为主体建筑,供奉城隍公伯府大人,殿下设注福、判官、注禄、彰善、三官爷、注生娘等诸神的牌位。城隍庙为重院布局,后院设有放生池,池中的两株水棉年代久远,与双峰寺古竹齐名。后殿为夫人厅,奉祀城隍夫人。

　　城隍神相当于阴间的地方官,象征惩恶扬善,告诫世人要心存善念。正如城隍庙前的对联所言:作事奸邪任尔焚香无益,居心正直见吾不拜何妨。

悬挂于门楼正上方的牌匾刻写明洪武二年(1369年)朝廷封揭阳城隍神的诰书

|"金城榕色"古城墙|

在冷兵器时代,为抵御外敌,保护一座城,几乎每座城都有高大坚实的城墙围绕。随着时代的发展,城墙不再具有防御的功能,反而因为历史价值成为被保护的对象。当古朴的民居逐渐被高楼大厦所取代,走过悠悠岁月的坚固城墙便成了一座城市古老记忆的载体。

揭阳县署围墙是古代揭阳县城内城城墙,内城也叫禁城。据史料记载,揭阳从秦朝立县后,几经复废。南宋绍兴十年(1140年)复置,没有修建城池。直到元朝至正十二年(1352年),当时任揭阳达鲁花赤(意为掌印官,监县)的蒙古人答不歹担心民众反抗袭击,以及为了防止海寇侵扰,开始修建内外城墙。内城墙周环县署,全部用石块交错垒砌,贝灰勾缝,全长二百丈;外城墙用土夯筑八百余丈。

明天顺四年(1460年),因海寇魏崇辉等作乱,揭阳知县陈爵将内城墙拓建至三百丈,高一丈五尺,阔一丈四尺;外城墙扩至一千六百丈,高一丈二尺,厚一丈六尺。后又几经修筑。正德三年(1508年),县丞陈琳大修城池,用石头修砌护城河,内外马路各增二丈。嘉靖三十四年(1555年),因海寇作乱,修筑四个城门。天启元年(1621年),由知县曾应瑞主持,于四门外另辟一门,名进贤门。而后历朝历代对城墙屡有修建。

现存六百多米的北城墙,是揭阳古八景之一的"金城榕色"。沿着古城墙一路走过,感受几个世纪的时光在此交叠。每一寸斑驳的墙体都在诉说着古城的悠悠历史,每一块交叠的石头都在彰显着前人的智慧。那城墙上肆意生长的百年古榕几乎与城墙融为一体,古朴沧桑风景独特。

北城墙现存六百多米，曾是揭阳古八景之一的"金城榕色"，生长在城墙上的古榕几乎与城墙融为一体

进贤门，寓意增进贤士，曾是揭阳古八景之一的"谯楼晓角"

第二章 榕城

|"谯楼晓角"进贤门|

"揭阳多士天下都，声名籍籍南海隅"，在那个热衷科举、信奉"学而优则仕"的时代，这是多么高的荣耀。然而在明嘉靖三十五年（1556年）至天启年间的六十多年里，揭阳却无一人进士及第，于是当地官员与学子合议，于学宫之东再开一城门，取增进贤士之意，曰"进贤门"。

在进贤门之前，揭阳县城已有东、南、西、北四城门。称"东门"的城门，实则位于县城的东南方，故世人认为城之东原本有一城门，后堵塞，改建于东南方向。明天启元年（1621年），在知县曾应瑞倡导下，在县城之东建进贤门以增进贤士。然重辟进贤门后数载，揭阳科举仍不见起色，又于县城西北建"涵元塔"，意为"涵养固元"。巧合的是，涵元塔建好的第二年，即崇祯元年（1628年），揭阳的郭之奇、黄奇遇、宋兆禴（yuè）同登戊辰榜进士，与海阳的辜朝荐被称为"戊辰四俊"。

宋兆禴曾登上进贤门，环楼四顾，风光尽收眼底：环城皆水，如舟在江，南视茂林，北临岐山，郁郁葱葱，如屏如云。宋兆禴有感而发，写下《重开进贤门记》一文流传后世。进贤门建好之后，用以击鼓报更及吹角司晨的谯楼，改移进贤门城楼，进贤门也因此成为揭阳古八景之一，称"谯楼晓角"。

进贤门几经重修改建，现存进贤门为2002年重修。以进贤门城门为基座，上方为三层攒尖顶阁楼，周围为花窗廊墙，朱漆画栏，富丽堂皇。如今进贤门已难觅古八景风韵，极目四眺尽收眼底的美景也早已淹没在历史的潮流中。在周围的车水马龙和高楼大厦中，它以犹似当年的身姿，坚守在原地，守望一方历史和文化。

金马玉堂太史第

榕城地理，有"出水莲花"之称，这花芯的位置正是如今中山街道东门直街的莲花芯。莲花芯被认为是灵气宝地，这里有一座大宅第，称为"太史第"，是揭阳著名先贤郭之奇的故居。

郭之奇是揭阳才子，十一岁便中了秀才，明崇祯元年（1628年）中进士，为揭阳"戊辰四俊"之一。传世诗作多达三千多首，是潮汕地区诗文传世最多的先贤，官至南明礼、兵部尚书，武英殿大学士，名列潮州"后七贤"。

金马玉堂旧指翰林院或翰林学士。郭之奇官至武英殿大学士，按明朝制，大学士均出自翰林，故郭之奇故居称金马玉堂

第二章 榕城

太史第建筑群包括金马玉堂、太史第和郭氏宗祠，均建于明末清初，为郭之奇中进士后所重建。太史第不仅是研究先贤传奇人生的实物依据，更是揭阳明末清初的代表性民居建筑，具有较高的历史价值。

金马玉堂西北面与双峰寺毗邻，若从双峰寺走到金马玉堂的正面，需按指示穿过曲折狭小的巷子。金马玉堂为潮汕传统的"驷马拖车"格局，三进官厅，木石结构，后厅供奉东门郭氏先祖神位。厅门和天井之间建有牌坊门，这种建筑样式在揭阳较为罕见。太史第主体建筑坐落于莲花芯，原建筑为"百鸟朝凰"，现今中路建筑保存较为完好。后厅左右两根石柱上留有郭之奇亲笔手书的对联："尊闻行知自是高明广大，正道修理何须胜利急功。"郭氏宗祠也叫东门郭厝祠，是潮汕郭姓总祠，为三进厅二天井格局，是榕城现存明代祠堂中较大的一座，主体建筑保存较完好。

清乾隆四十四年（1779年），朝廷颁谕为崇祯末年殉难诸人正名，认为他们"茹苦相随，舍生取义，各忠所事，较文天祥、陆秀夫实无以异"，称誉大学士郭之奇为一代之完人，特赐谥号忠节，载入史册。

明清时期，修史之事由翰林院负责，故翰林又称太史。郭之奇出身翰林，其故居称太史第

除金马玉堂和太史第，郭氏宗祠也是郭之奇故居中的一部分

航拍"百鸟朝凰"式建筑丁日昌旧居。"百鸟朝凰"即在"驷马拖车"（俗称"三进二火巷一后包"）的格局上加两火巷和倒座房东西两斋，共有房百间，故称"百鸟朝凰"

丁日昌旧居

在揭阳市榕城区元鼎路有一座规模宏大的、在潮汕地区称为"百鸟朝凰"式的老建筑，这便是丁氏光禄公祠。丁氏光禄公祠是清代洋务派实干家丁日昌的旧居，1998年被辟为"丁日昌纪念馆"和"揭阳民俗博物馆"，2013年被列为国家重点文物保护单位。

丁氏光禄公祠建于清光绪四年（1878年），是一个祀居合一的祠堂式建筑群。分东斋、西斋、正座三进大厅及两侧共四直巷，是"驷马拖车"的扩大式，保留着潮汕地区典型的建筑格局和传统装饰工艺，其中某些楼阁、地板装饰还糅合了西方建筑元素，体现了晚清时期的建筑风格。

丁日昌（1823—1882年），清朝揭阳县丰顺汤坑乡（今属梅州市丰顺县汤坑镇）人，字禹生，号持静，历任琼州府学导训、江西万安知县、两淮盐运使、江苏布政使、江苏巡抚，以及加总督衔会办南洋水师、兼理各国事务大臣等职。丁日昌曾在榕城梅林巷居住过，清同治十一年（1872年），他在榕城马山窖东侧择地辟建府第，建百兰山馆作为藏书起

丁日昌旧居即丁氏光禄公祠，1998年被辟为"丁日昌纪念馆"

居之所，筑絜园作为会客之地。丁日昌于政务之余，潜心书史，喜搜罗善本，其百兰山馆中持静书斋藏书多达十余万卷，可媲美宁波范钦天一阁的藏书。其好友大书法家何绍基为"百兰山馆"所题的门匾和当年藏书的书箱至今仍保存在丁日昌纪念馆内。清光绪三年（1877年），丁日昌以劳疾致仕，次年开始营建丁氏光禄公祠作为家眷居所，从寓居榕城到辞世，他大部分时间都在百兰山馆和絜园度过。

丁日昌辞世后葬于絜园，20世纪50年代，因墓被盗，迁葬于仙桥紫陌山，20世纪90年代初才移葬于今仙桥桂竹园岩东侧。丁日昌作为晚清洋务运动开拓者之一，致力实业，励精图治，除弊兴利，强国御侮，其墓前书"一代名臣／潮郡之光"的牌坊，正是对他卓著政绩最好的褒颂。

丁日昌墓前的牌坊，前额"一代名臣"，背书"潮郡之光"褒颂他一生的卓著政绩

丁日昌塑像

王氏辅祖祠,王兴辅的四个儿子为纪念王兴辅将旧屋改建而成

王氏辅祖祠

夏布是古代揭阳县除蔗糖以外的另一大输出特产,夏布业盛极一时。清末民初时,在揭阳县城有一家著名的夏布商行叫"名丰号",商行主人王氏家族在当地颇具威望。

"名丰号"夏布商行由王兴辅创办。王兴辅本是望兜乡人,祖上耕读传家,到清乾隆年间,带领四个儿子到县城创业谋生,做起了夏布、红糖、杉木等生意。王兴辅的四个儿子各安其所,各事其业,在各自的领域均有一番成就。后来为了纪念王兴辅,兄弟四人合议将原来居住的旧屋改建为王氏辅祖祠,岁时祭祀。

王氏辅祖祠位于榕城元鼎路西侧丁日昌旧居之后,俗称"名丰埕",于清同治十二年(1873年)动工,光绪三年(1877年)完成。祠堂为一进一天井两火巷建筑格局,灰石木结构。祠堂内有一石碑,为清光绪三年(1877年)王氏四房共立,记载了王兴辅到县城创业及建造王氏辅祖祠的缘由。当时王氏四兄弟家业雄厚,辅祖祠亦是以高规格建造,各种石雕、贝灰雕、木雕,层出不穷,花鸟人物均栩栩如生,神态毕现。内容丰富,形式多样,题材广泛,并采用镂空雕、复雕、深雕、平雕等多种雕刻手法,技法成熟,祠堂门楼两侧的仿木灰塑装饰尤为独特,令人惊叹。

王氏辅祖祠的整座祠堂保存比较完善,其木雕精美,雕刻精湛,艺术价值和艺术效果为许多前代及同期建筑所不能企及。

王氏辅祖祠后厅

甲东里

甲东里位于揭阳市榕城区新兴街道东郊村，是晚清时期揭阳夏布商郭升裕建造的郭氏家庙。晚清时期，潮汕地区商贸繁荣，夏布是揭阳除蔗糖之外另一大输出商品，许多商人因从事夏布业发家致富，同时也出现了不少有名的夏布商号，当时榕城地区的"郭兴合"号在潮汕有着广泛的影响。

"郭兴合"号的主人郭升裕是潮汕先贤郭之奇后裔，也是当地有名的慈善之商。据《揭阳县续志》记载，郭升裕自幼失去双亲，家境贫寒，从而弃文从商。他为人诚信友善，乐善好施，在家业逐渐壮大宽裕后，不忘贫苦百姓。清光绪四年（1878年）晋豫两省大

甲东里是由秋官第、郭氏家庙和通奉第组成"三壁联"的建筑组群

旱，百姓饥荒，丁日昌筹办"晋赈捐输"，郭升裕带头捐出巨款。

清同治十年（1871年），郭升裕将毕生从商经营夏布的积蓄，择地东门外建造甲东里祠堂。甲东里，顾名思义就是富甲东城之郭。历时七年，甲东里于光绪三年（1877年）竣工。甲东里祠堂为忠节祠，祠内供奉郭氏历代先祖，祠前配石鼓、石狮、麒麟照壁，大门匾额书"郭氏家庙"。左右两边分别为秋官第和通奉第，均为潮汕传统的"驷马拖车"建筑。整体建筑有四条直巷一条后包巷，住宅一百间，是典型的潮汕传统建筑"三壁联"民居建筑组群。

郭氏家族每年十月初一秋祭，连定居海外的宗亲也回乡参加祭祀。祭祀之后，"太公分猪肉"，每户均分得一份带回家。潮汕有句俗语："千年亲戚，万年祖宗。"在他们看来，由姻亲衍生的亲戚远远不如家族男丁开枝散叶所组成的宗族重要。这种对祖宗，对"根"的深深依恋，造就了潮汕的宗族文化，是潮汕乡土社会突出的文化心态。

郭氏家庙门口的石狮

甲东里正门，开在主体建筑前埕的侧边

盛祖家塾

在榕城新兴街道黄厝围的一座传统民居前,一群少年正在练习打拳,他们身后的房子门额题"盛祖家塾"四个大字,门边挂牌显示这里是省级非物质文化遗产南枝拳的传承基地。相对于"盛祖家塾"这个名字,更为当地人所熟知的是它作为"黄传善武馆"的身份。

盛祖家塾建于1921年,是一座传统的"五间过"潮式民居,土木结构,布局严谨,现主体建筑仍保存完好,它最初的主人是潮汕著名武术家、南枝拳第一代传人黄国荣。黄国荣的父亲粗通医道,略懂武术,国荣自幼耳濡目染。后来福建泉州南少林名师陈南

盛祖家塾曾因黄国荣所开的黄胜记医馆极负盛名而命名为黄胜记武馆,后改名为黄传善武馆

盛祖家塾内开设的黄传善武馆

枝到揭阳传授拳艺，黄国荣慕名前往拜师学艺，被陈南枝收为在揭阳的大弟子。艺成之后的黄国荣不仅武术了得，在医术上也有很深的造诣，尤其是祖传的中医正骨医疗技术。在辛亥革命时期，黄国荣加入孙中山领导的同盟会，先后担任医官、武术教官等职。后因政局动荡，黄国荣回到家乡，致力于行医授拳，开设武馆医馆，将毕生的技艺传授给后人。

黄国荣对武术和医术精益求精，他汇集各门派的武术和医术，博采众长。黄国荣认为，乱世之秋，医、武同样可以报国，造福桑梓。其门人弟子众多，幼子黄传善从小学医习武，不仅学得其父技艺的精髓，还在此基础上将其发展创新，将南枝拳和中医正骨医疗发扬光大。

经过了近百年的传承发展，如今，黄烈楷和黄烈武兄弟分别是省级非物质文化遗产项目南枝拳和黄氏中医正骨疗法的代表性传承人。而盛祖家塾依然延续着它最初的功能与意义，一批又一批的南枝拳弟子在此学成而去，将南枝拳传播到更多、更远的地方。

彭延年墓

彭延年墓位于榕城区梅云街道林厝寮浮丘山北麓，建于宋绍圣三年（1096年），历经重修，现墓为清康熙二十二年（1683年）重修。明崇祯十四年（1641年）立于梅云圩路口的墓道碑于20世纪50年代遗失，现碑为1992年重立。2015年，彭延年墓被列为广东省文物保护单位。

彭延年（1009—1095年），字舜章，号震峰，江西庐陵（今吉安）人，宋皇祐元年（1049年）进士，历任福州推官、大理寺评事、大理寺副卿、知潮州军州事、大理寺正卿。彭延年为官刚正不阿，不畏权势，体恤民艰，为官三十年，所到之处，有口皆碑。后因与王安石政见不合，被贬为潮州知州。宋代潮州可谓省尾国角，因地处沿海之隅，流寇海盗猖獗。彭延年在潮洲为官八年，减赋税，修护堤，泽及潮民，因治潮有方，深受百姓拥戴。

立于彭延年墓旁的石碑

寻找彭延年墓几经周折，最后在山脚居民的指引下，爬上一段满布瓜藤的坡地，描着红色"宋"字的墓碑赫然在前。当地人称之为"彭知府墓"。作为潮州知州，后世人尊称其为"彭知府"，由此也可见彭延年在潮为官深得民心。彭延年墓为彭延年及其许氏、黄氏两位夫人的合葬墓。据乾隆二十七年（1762年）《潮州府志》卷十七《古迹·茔墓》记载："彭公古宅在官溪浦口邨，宋嘉祐治平间知军州事彭延年占籍于此著村居。"府志里还提到了明嘉靖元年（1522年）知府郁侃梦到彭延年墓被乡民侵葬，第二天彭氏裔孙果然前来投牒上控，知府赶紧受理查办。

晚年的彭延年辞官隐退，卜居浦口村（今梅云镇厚洋村）安享田园生活直至辞世。叶落归根，但"此心安处是吾乡"，也许浦口才是彭延年认为最安心的归宿。

清乾隆四十四年（1779年）《揭阳县正续志》中有关彭延年的记载

陆氏家庙

南宋末年，元兵入侵，丞相陆秀夫背幼帝投海殉国，被后世传为"忠贞"的典范。东岭村陆氏家庙，正是陆氏后裔纪念、祭祀陆秀夫的祠堂。

陆氏家庙坐北朝南，靠山朝江，居高临下，视野开阔，始建于明嘉靖十年（1531年），历代均有重修，但仍保留着明代风格和主要构件。整座家庙华而不艳，历史的厚重感仍能从一梁一柱间散发出来。大门两侧山门上分别有"司马流芳"和"科岁进士"的石匾额，门墙上浮雕石刻的人物千姿百态，虽然有些已被历史的洪流冲刷得面目全非，但岁月终究无法磨灭那些精湛的工艺。正门立着的官家特有的石鼓和家庙前埕的旗杆夹，昭

陆氏家庙是陆氏后裔纪念、祭祀陆秀夫的祠堂

示着陆氏曾经的显赫。家庙中"文魁""进士"的牌匾默默陈述着其文化底蕴的深厚。中堂拜亭之上的"忠贞"牌匾，由东岭村陆黼（fǔ）的学生、状元林大钦所题赠。后堂供奉入潮始祖陆秀夫像，左右对联书"盐城家声远，忠贞世泽长"。陆黼为陆秀夫后裔，明嘉靖元年（1522年）岁贡生，后任封川（今肇庆封开县）知县，是陆氏家庙捐建人之一。

林大钦所书"忠贞"牌匾

关于"忠贞"牌匾的由来，当地还流传着一个故事。据村中老人讲，当时陆氏建造家庙，从江西运来一批优质杉木做家庙栋梁，途经潮州时，这批杉木被建造状元府的人给拦截下来想占用。当时回乡省亲的陆黼得知状元正是自己的学生林大钦，便亲自上门讨要杉木。谁知林大钦只字不提杉木之事，只管热心招待陆黼，并题赠"忠贞"牌匾赠予恩师。陆黼讨要杉木无果，只得勉强收下牌匾郁郁而归。当他回到东岭村时才得知林大钦早就派人把那批杉木送回东岭村，乡人都称赞陆黼教出了个尊师重礼的好学生。

陆氏家庙门墙上精美的石雕

发现城市之美·揭阳

古溪陈氏家庙

古溪陈氏家庙位于仙桥涂库村，是古溪陈姓村民祭祀其祖的总祠，俗称古溪祠堂。陈氏家庙建于明嘉靖二十二年（1543年），后历经雍正十一年（1733年）、光绪二十一年（1895年）及1997年三次重修，今家庙里保存有光绪二十一年（1895年）重修碑记及清光绪二十六年（1900年）记载的郑成功率军入驻揭阳时为古溪村平定作乱贼匪的碑记。

陈氏家庙是在古溪第十二世祖陈宗虞的倡议下，由其叔父陈容主持建造的。斗拱梁柱皆装饰有大量精美的木雕，无论花鸟鱼虫、人物飞禽，皆是工艺精湛，惟妙惟肖，于古朴中显现曾经的奢华。在讲究对称的传统建筑中，这些木雕在对称位置上却不尽相同，

古溪陈氏家庙俗称古溪祠堂，"古溪祠堂潮临官，城隍水棉北滘榕"，这句顺口溜说的是揭阳四处古迹名胜，陈氏家庙列于其中

陈氏家庙里的木雕（一）

雕刻刀法细腻，于静态中显出动态美，令人叹为观止。

明清时期，古溪陈氏一族名宦贤达辈出。陈宗虞为明嘉靖七年（1528年）进士，任江西宜春县令，后升任陕西陇州知府。陈容之子陈宗鲁为明嘉靖二十五年（1546年）进士，任临江府通判，与林大春为同窗。家庙中堂拜亭上悬挂三块木牌匾，一为翰林院侍读翁方纲为清乾隆三十六年（1771年）举人陈诗正题写的"鹗荐重光"匾，一为兵部尚书李煜尧为陈诗正所题"文魁"匾，一为广东布政使魏元煜为邑庠生陈风所题"硕德修龄"匾，这些都彰显出陈氏家族厚重的文化底蕴。

位于仙桥西岐村的直正公祠，创建于1917年，是古溪陈氏裔孙为纪念其先祖陈义直和陈诗正而建，整体建造样式仿照古溪陈氏家庙。如今两座祠堂均被列为广东省文物保护单位。无论迁徙衍派到何处，陈氏裔孙以这种方式念祖怀先，报本追源，正如公祠山门两侧的额匾所书，勖勉后代谨记"觐光扬烈，崇德象贤"。

陈氏家庙里的木雕（二）

第二章 榕城

"鹗荐重光""文魁""硕德修龄"三匾彰显出陈氏家族厚重的文化底蕴

南潮吴氏家庙

炮台镇南潮吴氏家庙为吴复古故居之一，原属揭东县，现属榕城区。与潮汕传统祠堂侧重于报本追源的理念不同，吴氏家庙更重于传播"至德"文化。

吴氏家庙为二厅一天井格局，正门墙上两边均有名言石刻，其中一幅就是孔子称赞泰伯"三让"高风的至德之行。进门前厅挂有"至德孝让"的牌匾，字体端庄秀逸，后堂为"德让堂"，可见吴氏一族非常重视"德"的修养。

吴复古，字子野，为唐宋"潮州八贤"之一，生于北宋揭阳县蓬洲都（今属汕头市潮阳区）的官宦世家。他自幼聪慧，博学多才，因才学卓越而举孝廉，官授皇宫教授。

吴氏一族重视"德"的修养，处处传播"至德"文化

第二章 榕城

吴氏家庙中"至德孝让"匾。泰伯为周文王姬昌的伯父,三度把王位继承权让给姬昌的父亲季历,后姬昌顺利继承王位,建立周朝。吴复古官授皇宫教授,却淡泊名利,德让庶兄承袭父荫,后世以泰伯"三让天下"作比,故称"至德孝让"

他一生性格放逸,淡泊名利,父亲吴宗统为翰林院侍讲,他让庶兄承袭父荫,自己却以孝养为由,上表辞官隐退。宋神宗感其孝义,赐号"远游先生"。吴复古一生志在山水,远游四方,与豪放不羁的苏东坡成为忘年之交。

吴氏家庙中供奉的吴复古像

宋元丰年间,吴复古辞官后云游四海长达几年,因其父亲去世,归葬于麻田山(今在汕头市潮阳区),吴复古归来后举家搬往与麻田山一江之隔的南潮乡,结庐守墓三年,葬事孝礼完毕后又复出行。后又于麻田山筑远游庵,参悟道理,修身养性。

吴复古崇尚老庄超然物外的精神,以道家的"和"与"安"的理念泰然处世,寓情山水,陶然以乐。泰伯三让天下,至德若兰,吴复古的"德让"正是至德精神之所在,"德让"即为不争,不争则无忧,"让"之前冠以"德",可见其精神境界又高了一个层次。

第二章 榕城

吴氏家庙德让堂，吴氏一族以"德让"精神感怀祖先，勖勉后世

士耷公祠

在揭阳渔湖镇港口村寨前围，闹市之中，有座始建于明永乐十一年（1413年）的怀隐公厅。在潮汕地区，公厅与祠堂都是供合族祭祀议事的场所，但公厅通常是住祀合一；而祠堂是专用于祭祀的地方，建筑较为精美，其专用性也更突出。在怀隐公厅之后，隐于寻常巷陌的便是林氏望族十大名祠之一的士耷公祠。

士耷公祠始建于南宋嘉定三年（1210年），原有后座及侧房，现只有一进拜厅，是潮汕地区现存众多有名的祠堂里格局最为简单的。士耷公祠装饰有金漆彩绘。屋顶双凤朝牡丹的嵌瓷华丽精致，人物形象生动传神。正门门额所悬"士耷公祠"匾为宋嘉定五年（1212年）宋代书法家张即之书，铁画银钩，遒劲有力。堂中"世德堂"匾为民国大

士耷公祠奉祀的是港口村林氏入潮始祖林岳。林岳，字士耷，官至朝奉郎

士耷公祠是林氏望族十大名祠之一，历经宋、元、明、清四朝，迄今八百余年

总统黎元洪所题。

士耷公祠奉祀的是港口村林氏入潮始祖林岳。林岳，字士耷，原籍福建莆田，宋绍兴三十年（1160年）庚辰科进士，官至朝奉郎，致仕后占籍海阳县。其孙林壮父择地于渔湖都江灏创乡，后称南港，今为港口村。

士耷公祠历经宋、元、明、清四朝，迄今八百余年，相传四十余代，历代均有重修。林氏代表人物有宋咸淳年间潮州参军林伟器，明万历年间三世尚书、四朝大老林熙春等。

在小小的祠堂拜厅里，挂满了状元、进士、文魁、武魁等牌匾。黑底金字的牌匾群，熠熠发光的不仅是这些殊荣，更是一个世家大族的显赫，是港口村林氏崇文重教的写照。

八百春秋古京冈

揭阳自秦始皇三十三年（公元前214年）置县以来，几经兴废。至南宋绍兴八年（1138年），高邮进士孙乙奉命择址复置揭阳县。初择吉帛村（今京冈）为临时县治，后选定玉窖村（今榕城）为治所，故有"未有榕城，先有京冈"之说。绍兴十年（1140年）揭阳复置县，孙乙为首任县令。后来孙乙落籍吉帛村，孙乙之子将吉帛改名京冈沿用至今。

"高邮衍派，甓社传芳"，当年来自江苏高邮甓社湖畔官宦之家的孙乙，把淮扬之地的繁华和先进带到尚落后的南海之滨，书香门第的崇文尚学之气使这座古村人文兴蔚，底蕴深厚。

登瀛五马坊位于京冈街道京南村，始建于明永乐二十二年（1424年），明正德十四年（1519年）重修，是揭阳知县徐资用为孙齐和孙瑀父子所立。

牌坊为四柱三门重檐样式，全花岗岩砌造。檐角坊身均有雕饰鳌鱼，历经近五百年的风雨侵蚀，檐角的雕饰棱角圆钝，但坊身的雕狮仍是纹路清晰，活灵活现。坊顶前后两面皆刻有"恩荣"字样，坊额正面刻"登瀛"二字，旌表明永乐二十一年（1423年）京冈乡举人

宋绍兴十年（1140年）揭阳复置县，孙乙为首任县令，后成为揭阳孙氏的始祖

登瀛五马坊,旌表孙齐、孙玙父子。"登瀛"为孙齐名号,"五马"为孙玙的官职代称

京南村翰林府门匾"兰台紫诰"为清翰林侍讲刘起振题赠

孙齐(号登瀛)。背面刻"五马",旌表明正统五年(1440年)岁贡生、澧州同知孙瑀。古时郡守用车御五马,孙瑀官居澧州府同知,属知府的副职,故也称五马。

明清时期,揭阳通过科举入仕的人才颇多,为宣扬功名政绩,振励风教,民间出现众多牌坊,据清雍正九年(1731年)《揭阳县志》记载在册的牌坊就有三十来座,这些牌坊多已塌毁,登瀛五马坊能较为完好地保存至今实属难得。

登瀛五马坊,从带着皇恩光环的荣耀之门到如今变成一座古朴的石门楼隐逸在市井街巷之中,繁华褪去,阅尽沧桑,却依然是京冈孙氏光耀门楣的历史见证。

在京冈古建筑群中,规模最恢宏的当属翰林府。清乾隆十六年(1751年),翰林待诏孙庭俊建造翰林府,大门匾额字体浑厚高古的"兰台紫诰"为清翰林侍讲刘起振题赠。府第分前、中、后三进,左右各有两条火巷。二进前为拜亭后为中厅,拜亭悬挂的"福"

翰林府最具特色的阁楼式建筑，联通一二楼的空心藻井之上，供奉着圣旨亭

字为乾隆皇帝的御笔，底下又悬"敕诰联褒"匾，该匾是兵部侍郎苏昌为翰林院待诏孙庭俊之父孙永藩所立。清乾隆四十四年（1779年）《揭阳正续志·封赠》有载："孙永藩，以子庭俊赠登仕郎，以孙奋扬虮赠武德将军。"

中厅为双层阁楼式建筑，中间一八角空心藻井联通一二楼，正上方立有圣旨亭。后座是双层库房式建筑，高高的墙面开有三个形状不同的透气窗，墙顶有瓷瓶栏杆和精美的石雕花窗。整座建筑壮丽宏伟，是潮汕传统的"驷马拖车"式建筑。

相传乾隆年间有水患，朝廷出捐翰林待诏职衔，孙庭俊捐出白银十万两赈灾，故得此官衔。后朝廷意见纷纷，翰林向来都须科举出身，孙庭俊赈灾捐官恐难服众，朝廷有意收回成命，而当时孙庭俊翰林府已建成，并于府中供奉圣旨，事实已定，乾隆认为此是孙庭俊福分应得，故亲题"福"字匾赐赠。

在翰林府附近，有一座孙氏家庙。清光绪三十三年（1907年），时任南澳总兵的孙国乾回乡谒祖，倡建孙氏家庙。孙氏家庙于1909年建成，沿用原祖屋堂名"隐相堂"为孙氏家庙堂名。家庙内保存有清乾隆三十一年（1766年）所立"隐相旧地／梦龙涤爪处"石碑一块。

关于"梦龙涤爪"还流传着一个孙家与宋宰相梁克家的一段佳话。京冈孙氏二世祖孙白有一天梦到有龙在溪边洗爪,早上起来发现有个游学至此的书生在溪边洗手,这个书生便是梁克家。"始以诗书相契,继以气谊相投,异姓同体,似家人父母之亲",梁克家与孙家先祖意气相投,遂成莫逆之交。梁克家在揭阳游学期间便寄居在孙家的书斋里,后高中状元,官至宰相,孙家有急难他也极力相帮。

后来朱熹游访吴复古讲学问道之地,行至京冈,听闻乡里父老讲述宰相梁克家与孙家的逸事,感念孙梁两家礼贤相惜,便为孙家书斋题名"隐相堂",并作《隐相堂序》记之。

孙国乾倡建孙氏家庙时,他自己的府第京冈大人府已经在建,后于清光绪三十四年(1908 年)建成。孙国乾于清同治八年(1869 年)从军,胆略过人,骁勇善战。光绪

朱熹曾为孙家书斋题名"隐相堂",孙氏家庙沿用"隐相堂"为堂名

六年（1880年）跟随左宗棠抗俄，收复伊犁。其军旅生涯三十余年，战功累累，从甘肃西宁游击加总兵衔换戴花翎到南澳总兵，步步高升，宣统元年（1909年）官至潮州府都督，成为清代潮州府最后一任都督。

京冈大人府位于京冈街道京北社区宫后围，主体建筑由权之公祠、建威第、南北巷和后包巷组成，祠堂正面两侧有揭阳举人林伯虔手书石刻，石鼓石狮保存完好。据现在仍居住在大人府中的孙氏后人介绍，祠堂拜亭和后厅于1964年被征用作粮仓而被拆除，至今未复。"文化大革命"时期，门前的石狮石鼓因为被拆下藏到祠堂前的月池中才得以保住。建威第、南北巷及后包巷有"福如东海""连捷登科"等独具地方特色的泥塑窗花，建威第中的"福"字据说还是慈禧太后手书。

历经数百年的积淀，京冈的众多古建筑在历史潮流的大浪淘沙中留存至今，是揭阳宝贵的文化遗产。

权之公祠即京冈大人府，是清代南澳总兵孙国乾所建

枫美村古建筑群

枫美，古时称为"枫榔"，明朝初期，枫美郑姓先祖从邻近的乌美村迁居于此，历经三百多年的繁衍，人丁兴旺，成为地都镇最大的村落之一。清康熙、雍正年间，这里走出了一位功载史册的秀才——郑文海，后人为铭记其功德，为他建造了"纯笃公祠"，为枫美村增添了一份厚重的人文气息。

郑文海是这一片郑氏族人的精神图腾，三百多年前发生的故事，仍被后人津津乐道，口口传颂。郑文海是清康熙、雍正年间邹堂乡沙池尾的一位秀才，字明若，乡人称之为"秀才公"。乾隆二年（1737年），为改变家乡田园被海水侵蚀的状况，他带头捐资筹资，内开溪、外筑堤，排涝拒海潮，将几千亩盐碱地改造成适合耕种的良田，使族人安居乐业，其功绩也因此载入史册。

枫美古村祠堂众多，谦逊公祠集合了石雕、木雕、嵌瓷等潮汕传统工艺

枫美村郑氏先祖从邻村的乌美村迁居而来，至今已有三百多年

纯笃公祠精美的嵌瓷工艺

纯笃公祠的木刻、石雕都极其精美,飞檐、房梁上或手绘,或用潮汕地区传统的嵌瓷工艺,将花鸟鱼虫、飞禽走兽、戏曲故事或历史人物等刻画得形象生动、栩栩如生。

祠堂旁,有两栋"四点金双佩剑+后包"的建筑,传说是郑文海读书的"德邻居"书斋和他的居所"栏杆厅",如今也修缮一新。德邻居书斋位于祠堂的左侧,曾经坍塌,后人在原有地基上重修,又加建了"衡园""食厅""衡斋""鸣泫"等小品,辅以绿色小径、奇石加以点缀,恍如苏州园林。

枫美村坐北朝南,背靠桑浦山,拥有大片明清时代留下的传统民居。蛇形的麻石古道穿梭其中,登高俯瞰,古村尽收眼底。这里没有大城市的喧嚣,人们依旧过着日出而作日落而息的农耕生活,鸡犬之声相闻,充满了烟火气息,有种遗世独立的宁静与祥和。

郑文海读书处"德邻居"书斋

发现城市之美·揭阳

古村巷陌叙家常

| 中山路骑楼街 |

骑楼，潮汕人称为"五脚砌"，这种叫法源自东南亚。追根溯源，骑楼可上溯到两千多年前的古希腊雅典卫城的主体建筑，后来才在欧洲流行。现代意义上的骑楼由东南亚的英国殖民者最先建造，称为"廊房"。

19世纪初，这种欧陆建筑与东南亚地域特点相结合，在东南亚十分风靡，华人下南洋后，把这种建筑风格也带回中国。民国初期，骑楼在广东地区兴起，这

中山路骑楼街上装饰设计精致的小洋楼

第二章 榕城

种商住两用的建筑，既可以遮阳挡雨，又能开店做生意，非常适合广东、福建、海南等南方沿海地区炎热多雨的天气。

揭阳宣化街在1926年改建成中山路的时候，就采用了骑楼的建筑样式。之后慢慢形成了城隍街、思贤路、韩祠路等骑楼商业街群。中山路的骑楼街，是一处至今保存得较为完好的建筑群。

骑楼街多为两层建筑，偶有三层的小洋楼间隔其间。骑楼街一层作为商铺往后缩建，二层住房往前扩展，每栋楼紧紧相连，一楼就形成了可以遮阳避雨的长长连廊。各种百货店、服装店、药店等鳞次栉比，拱门、罗马柱、百叶窗、墙面的灰塑雕花等精致的装饰和别样的设计，这些糅合了中西建筑元素的小洋楼形成了一道独特的风景线。纵

中山路骑楼街建筑群糅合了中西建筑元素，商住两用

发现城市之美·揭阳

使外观在岁月的磨砺下已经老旧不堪，却始终掩盖不住它们曾经的繁华。

与中山路骑楼街区毗邻的还有打铜街，楼墙上"何良顺兴""许盛利"等曾经的老字号或楼名如今还依稀可见。以前这里聚集了以加工五金为生的商铺，后来规模逐渐扩大，形成了以加工铜器为主的五金商业街，"打铜街"因此得名。时过境迁，物是人非，打铜街上"叮叮当当"的打铜声已随风远去，唯剩这一片骑楼街区在城市现代化进程中坚守到底。

毗邻中山路的打铜街，曾经的老字号商铺或楼名如今仍依稀可见

第二章 榕城

中山路的骑楼虽外观已老旧不堪，但岁月终掩盖不住它们曾经的繁华

| 钟厝洋：丝线吊金钟 |

钟厝洋村旧属揭阳渔湖都，现位于榕东街道，北临榕江北河，背靠黄岐山，靠山面水，地理位置优越，水陆交通便利。因形状像一口大钟，又有宋代古驿道穿境而过，有"丝线吊金钟"的美誉。古驿道穿过东寨门，可通往揭阳县城。

钟厝洋村保留的历史遗存众多。被一水围绕的"围龙屋"古民居群，寨围外桃花满植，祥宁安乐宛若世外桃源。清朝一品武将钟芝贵于清咸丰年间建造的将军第历经岁月洗礼，木雕石雕依然栩栩如生。至今仍基本保留完好的皇帝御用朝珠盘，相传是钟芝贵因护驾有功，被特赐护送朝珠给皇帝在上早朝时佩戴。钟家古庙也是当地的三山国王庙，正月十一"三山国王"出巡，正月十五的游灯、行彩桥等传统民俗每年都会在这里举行。

古驿道桥，宋代也称吉贝浦桥，今桥为明代时重修

钟家古庙也是三山国王庙

村中历史最久的遗存是古驿道桥。古驿道桥也称吉贝浦桥。桥边有钟家古庙,被当地俗称老爷宫,古驿道桥因此也称"宫桥"。古桥为四墩三孔的石拱桥。桥墩为石条交替横竖排列砌成,形成方形墩座。桥面较窄,只有两根麻石条的宽度。现存桥身为明代重修。原桥建造年代不详,但据清顺治十七年(1660年)《潮州府志·津梁》记载,古驿道桥与宋咸平二年(999年)建造的化龙桥一样,"俱在渔湖",而同期所列的数座其他桥梁也多为宋代所建,据此似乎可推断吉贝浦桥为宋代桥梁。

如今的钟厝洋村依旧是河道纵横交错,白墙黛瓦的古民居,伴着蓝天白云倒映在水中,极具岭南水乡特色。

旧寨村始建于北宋末年,旧称古家洋

岐南曜古旧寨村

旧寨村地处榕江北河南岸,始建于北宋末年,旧称古家洋。入潮开基始祖陈泰初原籍福建莆田,宋绍圣年间任潮州通判,初择居揭阳蓝田都深泥洋(今揭东区境内),后迁居渔湖都古家洋创村。

古寨设南北两个寨门。"岐山倚凤朝南斗,曜日临门照古家",这是旧寨村南寨门的对联。南寨门额书"岐南曜古",北寨门额书"渔北旧家"。最具代表性的建筑陈氏家庙,亦称"有庆堂",始建于北宋哲宗年间,距今已近千年,历代均有重修,如今保留着明清建筑风格,里面悬挂着多达 28 面的匾额,昭示着陈氏一族的赫赫威名。

旧寨村北寨门"渔北旧家"额匾

发现城市之美·揭阳

塗库是具有防御功能的库房，"塗"在潮汕话中是"土"的意思

　　旧寨村保存至今的古建筑有颍川旧家、四房旧居等传统潮汕民居，还有较为罕见的塗库一座。旧寨村的塗库是潮汕地区现今保存较为完整的古代塗库，塗库是用三合土夯筑建造而成的库房，具有防御功能，在遇到外敌侵扰的情况下，可起到保护村民生命和财物安全的作用。因"塗"在潮汕话中是"土"的意思，音为"涂"，故名。旧寨村传统的风水格局和设计精妙的防御工事，处处体现了先人的智慧。

　　旧寨村陈氏一族奉莆田玉湖宋太师沂国公陈仁为始祖。陈氏名贤辈出，"一门二丞相，九代八太师"是陈氏族人为后世称道的显赫殊荣。尽管如此，陈氏族人依然世代传承着"地瘦栽松柏，家贫子读书"的优良家风，遵祖训而行正道，积善德而励后嗣。

"一门二丞相，九代八太师"是陈氏族人为后世称道的显赫殊荣

山前村：梯田式村落

山前村位于仙桥街道西南部，整个村寨建筑坐北朝南，由大寨围、新厝前围、石统娘围、书斋前围、乡兵营围等组成。村中传统古民居依据山势从南向北逐级往后方高地建起，形成梯田式格局，错落有致，这是潮汕平原地带的民居中所罕见的。

山前村历史底蕴深厚，村中文化遗存众多。大寨围是山前村创建最早的民居群落，早在元朝时期就有翁姓居民居住。现以陈姓居民为主的山前村还保留着多座明清时代的宗祠公厅，其中和乐公祠和宗虞公厅分别是纪念山前村陈氏始祖陈和乐及三世祖明代浙江德清县教谕陈宗虞。陈宗虞中举后，与他的叔父陈容倡建古溪祠堂，为古溪族人留下一段佳话。

山前村大寨围独特的"门"形老寨门

山前村古民居依据山势从南向北逐级向高地建起，形成潮汕平原地带罕见的梯田式格局

山前村最为人熟知的当属年代久远的巨石奇观石水缸。石水缸其实原叫石水冈，清雍正九年（1731年）《揭阳县志·山川》记载："石水冈，古溪之源也，有石广袤百余丈。自山逶迤下于潭，泉从中降，滂湃喧豗，声闻数里。石上有水缸药灶仙人迹，种种奇怪，下汇为潭，深可四五丈许。"巨石垒叠堆成石冈，山泉水从中流出汇成深潭，形成一处天然景观。石头上有大大小小的坑洞，洞形浑圆，洞壁光滑，像一口口盛水的缸，"缸"与"冈"同音，久而久之就被叫成"石水缸"。石水缸作为山前村一大胜境，游人不断。

年代久远的巨石奇观石水缸，是山前村的名片

第二章 榕城

传统古民居在安逸的时光里透着绵长古韵

如果说山川名胜是大自然赐予山前村的礼物,那么村中保存的几处宋元时期的名贤古墓葬,又为山前村增添了丰厚的人文内涵。现存有北宋中顺大夫杨绘墓、元朝翰林学士杨宗瑞墓,而始建于宋淳熙元年(1174年)的揭阳先贤黄焕国父子墓采用了罕见的祥云托月造型墓碑。山前村还出土过中国古代六礼器之一的石璋,为商代时期的产物。

告别奇特的"冂"形老寨门,行走在村中狭长的坡道,感受冬日里山前村那份恬然的古朴。老屋在暖洋洋的阳光里泰然自若,老人坐在巷子里晒太阳挽发髻,猫好奇地望向来人,从屋角探出来的花簇和藤蔓,鲜活了古村的宁静。岁月积淀出古村厚重的历史,在时光里终返璞归真。

篮兜：蓝桥亨衢今犹在

篮兜村古称蓝桥里，位于揭阳古城南门外官溪都（今仙桥街道），西倚紫陌山，南临仙桥河，西南遥对紫峰山。蓝桥郑氏兴基始祖郑伯舆于宋哲宗年间任潮州通判，见蓝桥依山环水，任满遂携眷卜居蓝桥，其长子随行，创基官溪都蓝桥里。蓝桥里有四个寨门，东寨门匾额题"蓝桥亨衢"，其他寨门皆书"玉水金堂"，门匾门联皆为明代郑氏族人、翰林院编修郑一统撰写。

蓝桥郑氏自古文风蔚茂，崇文重教。郑氏家庙有对联：一门笃庆三进士，五代相承六举人。明弘治十八年（1505年）进士郑一初，正德元年（1506年）以奉养为由归梓，在紫陌山紫坡台耕读教书。其子郑大仓，嘉靖十一年（1532年）授浙江湖州府德清县教谕，其间迎母到衙署奉养；嘉靖十七年（1538年）辞官归家修"斗室"，执教课徒。郑氏家庙在清末民初曾被用来办私塾，1926年，乡绅、耆老致力兴学，改为"诚正学校"，

篮兜村古称蓝桥里，蓝桥里有四个寨门，"蓝桥亨衢"为东寨门

御史家庙纪念的是云南道监察御史郑一初

发现城市之美·揭阳

郑氏家庙曾作为私塾、学堂、学校，是篮兜郑氏文风兴蔚的见证

聘请乡儒任教。如今郑氏家庙仍保存着名贤三匾集于一祠，"柏音如在""金马玉堂""泽永苕流"分别为两广总督王守仁、文科状元林大钦、礼吏兵三部尚书湛若水题赠，这令郑氏家庙在文化界和文物界都备受瞩目。

明正德六年（1511年），回乡传课授业的郑一初被起用为云南道监察御史，两年后告病还乡，途至杭州病卒。嘉靖十四年（1535年），其子郑大昆和郑大仑为其营建御史家庙，族弟郑一统题御史家庙门匾。

郑氏家庙和御史家庙是篮兜村最具历史价值的代表建筑，也是篮兜村历史文化底蕴的见证，正一代代延续传承着郑氏的优良家风，勖勉后代。

第二章 榕城

篮兜村，老建筑构件古韵犹存

长美村：榕江之滨进士村

在榕城东南部的潮尾袁半岛上，坐落着一个名叫长美村的古村落。村如其名，长美村被包围在一片绿色的蕉林之中，环境优美。蕉林之外是三面环绕的榕江河，村寨内亦是河道纵横，是一处具有潮汕风情的岭南水乡。

长美村有着九百多年的历史,是潮汕袁氏的发源地。北宋元丰六年(1083年),兵部尚书袁琛因反对王安石的"青苗法",被贬为潮州刺史。元祐元年(1086年),王安石变法失败,朝廷诏袁琛回朝任职,但袁琛自愿终老潮州,不再北返。而后其子袁熙率族人迁至今渔湖长美村,并奉父亲袁琛为不迁之祖,袁氏在潮汕大地繁衍壮大,揭阳白塔镇金钩村望山墓园是袁氏祖墓群。

长美村三面环水,是具潮汕风情的岭南水乡

长美村枕水而居,东寨门外就是寨内溪,溪水漫至寨门边

长美村内的老巷子,两边的墙已斑驳老旧

元祐三年(1088年),袁熙登戊辰科进士,成为揭阳第一位进士,官至御史中丞。自此,长美村科甲兴盛,据长美村袁氏祠堂中资料记载,长美村登进士者11人,举人23人,正二品及以下职官59人。长美村因此被誉为"榕江之滨进士村"。

走进长美村,壮观的古建筑群、如画卷般的水乡风情扑面而来。南北走向的"川"字形村巷和"品"字形埕场构成村庄的基本格局,六十多座元、明、清时期的潮汕传统民居错落有致。环寨一周筑有防御寨墙,护寨河环绕村寨,最初布置八个寨门。现存寨墙垣长975米、寨门5个、更楼1座。正对东寨门的袁氏家庙是寨内的核心建筑,大门上"袁氏家庙"四字为明代万历年间的探花、书画家张瑞图的手

第二章 榕城

正对东寨门的袁氏家庙是寨内的核心建筑

笔。寨中保存下来的匾额楹联、旗杆夹石、抱鼓石、碑石、古树等均为宋、明、清时期的文物。

"古榕潮汐地,百折绕平田。"长美村枕水而居,从寨门望出去,可见寨内溪流淌而过。涨潮时,溪水没过寨前的小路,直逼寨门。有三两农妇蹚过溪水,就着水中凸起的石块浣洗衣裳;几艘渔船停靠在岸边,渔夫们在夕阳中归来,坐在船边休息,抽着烟话家常。没有惊涛骇浪,没有华灯璀璨,有的只是远离了城市喧嚣之后的宁静悠远。

| 乌美村：邹堂郑氏，科第世家 |

要鸟瞰乌美村这座有着八百多年历史的古村全貌，可以爬到村后的桑浦山，也可以站在古村东边一个地势较高的土丘上，这里有数块巨石能垫脚登高，也有古榕可以遮阴纳凉。

乌美村一带旧称邹堂。邹堂郑氏先祖自南宋绍兴十一年（1141年）移居邹堂，虽人丁兴旺，但世代庶民。自明嘉靖三十五年（1556年）第十一世郑旻中进士，成为封疆大吏，这个家族历经漫长的415年，实现了由庶民向士族的大转变，家族辉煌延续了三百多年，"科第世家"石牌坊就是这段历史的写照。

鸟瞰乌美村

乌美村一带旧称邹堂,郑氏先祖自南宋绍兴十一年(1141年)便移居至此

郑氏祖祠是乌美村古建筑群中规模最大的,是为纪念开基始祖郑诚而建

在乌美村庞大的古建筑群中,规模最大的要算"郑氏祖祠"。这座祠堂坐北朝南,二进厅,双火巷,五间过,加一拜亭,面积约480平方米。为纪念开基先祖郑诚,郑旻告假回乡,于明隆庆二年(1568年)建成。其他族人宅邸均为"四点金双佩剑"和"下山虎"为主的建筑风格,简单朴实,比起潮汕地区其他商贾之家的故居,规模略显"单薄",这个封疆大吏及人才辈出的家族,显得有些低调。

为了给族人营造好的学习和生活环境,郑氏先祖在这里建造了大书斋、戏台、莲池、假山等颇具艺术特色的设施,只是历经变故,很多建筑都已不存在。保存最好的是这里的祠堂,如松严公祠、南山公祠、梅峰公祠、谦约公祠、怀斋公祠、萧和公祠、诰封兵部公祠等三十座祠堂。这些祠堂规模虽不大,但集潮汕传统建筑艺术之大成,石雕、木雕、金漆画、嵌瓷,应有尽有。然而这些精美的雕饰工艺品,在岁月的冲刷下,已逐渐失去旧日的光华,甚至被厚厚的尘埃覆盖。

第二章 榕城

从"诰封兵部公祠"往前走一小段路,沿坡而下,是只容一人通行的过道。过道两边的墙体用蚝壳筑成,经族人介绍,这堵蚝壳墙已经有五六百年了,是古村的历史见证者。

行走在古寨中,常能看到一些寨门。这些寨门由两条粗糙的麻石方柱支撑,下一根门槛,上一根横梁,简简单单,不倚墙,不靠房,总是孤零零地矗立着,当地村民把它称为"白门"。听族人说,原来这里共有十八个古寨门,在"破四旧"年代很多被拆除。相传这些寨门是明末年间"地师虱母仙"指导所建,每个寨门的朝向、宽窄等都包含着深厚的风水奥妙,既能庇护郑氏家族人财两旺,又能保佑后人官运亨通。

有人说,一个保存完好的古村落,是一本彩色的历史画册,其中的每一幅图片都有深刻的含义,它不仅承载着沧桑变迁与历史记忆,还能给后人带来情感上的回归与心灵的慰藉。

"科第世家"的牌坊彰显着邹堂郑氏一族的荣耀

揭阳多士天下都

|"广南夫子"陈希伋|

在揭阳黄岐山西面有一处岩洞叫竺岗岩,是揭阳古八景之一"双洞疏烟"其中一洞,也是"广南夫子"陈希伋读书的地方。

陈希伋,字思仲,揭阳渔湖塘埔人,年少时就已经能诗善文,满腹经纶。北宋元丰年间,在州府乡试中均得第一,首先举荐为漕台。在太学修习学业十余年,声誉日益显著,被称为"广南夫子"。北宋元祐六年(1091年),参加经明行修科试,陈希伋以第一名登第,授为梅州知州。

陈希伋上任后,整顿吏治,体恤百姓疾苦,深得民心。当时朝廷下令各州抽取黄砂、牛皮以及由内库出钱购买珍珠,以备国用。梅州多为山区,百姓寒苦,陈希伋不忍心增加百姓负担,于是上书奏请免去这些物品的供应。其上书所请通情达理,最终朝廷准奏,百姓对其无不感恩戴德。

第二章 榕城

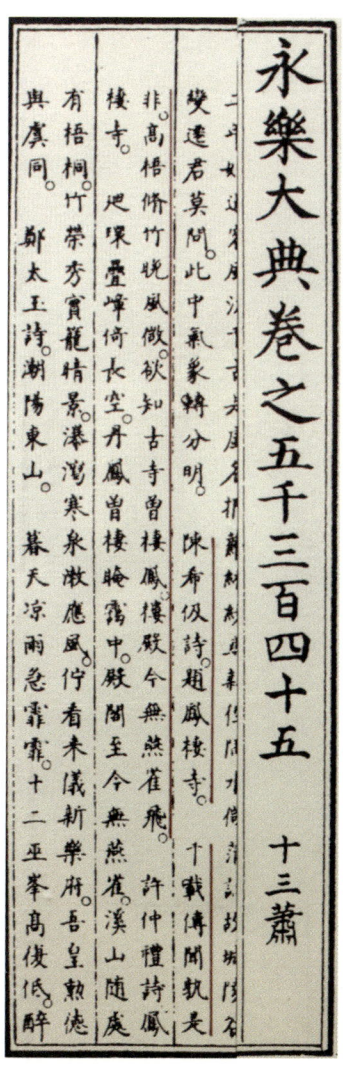

《永乐大典》中关于陈希伋的记载

由于年代久远，史籍中对陈希伋的记载并不多，黄岐山上的竺岗岩是留给后世少有的史料佐证之一。据雍正九年（1731年）《揭阳县志》记载，陈希伋曾经在竺岗岩读书，上面还刻有"广南夫子"四个大字，岩石上还刻有对联：仙客有灵千古在，洞门无锁四时开。后人因陈希伋，将竺岗岩称为陈夫子岩。

林德镛：揭阳唯一的武状元

中国历史上的科举制度分为文科举和武科举。清朝时，由于统治者出身于游牧民族，善于骑射，武科举受到空前重视，民间习武成风，产生了大批杰出人才，其中就包括了林德镛。

林德镛是清康熙辛丑科武状元，也是揭阳历史上唯一的武状元。据清雍正九年（1731年）《揭阳县志·卷六·人物》记载，林德镛，字白庵，在城人（今揭阳榕城），天资豪宕，臂力过人，能挽六钧之弓。古人以三十斤为钧，六钧为一百八十斤，张满弓用力为六钧，因此六钧用以指强弓。林德镛自幼好武，康熙五十六年（1717年），得丁酉武乡榜第二。康熙六十年（1721年），林德镛中会试第九名；同年，殿试鼎甲第一名，授二等侍卫，在乾清门行走，加哈哈珠子（皇子侍读及侍卫的称谓）。林德镛颇得康熙皇帝赏识，曾随圣驾出巡热河，隆宠一时。可惜还没有充分发挥才干，林德镛就因病去世了。

在潮汕地区，流传着许多关于这位武状元的故事。林德镛祖籍揭西棉湖林厝堀，青少年时期居住于棉湖米街林厝祠一带，青年时期在榕江南河撑渡往来于棉湖至榕城之间，并迁居榕城，所以关于他的籍贯有一些争议。后人对林德镛的另一大争议是他的武状元之名。清朝的武科举并不比文科举轻松，除了要骑射了得，臂力过人，还要考兵法、论文章。林德镛从乡试一路过关斩将，直至鼎甲殿试，稍微查阅史志便可知，这位武状元绝对是实至名归。

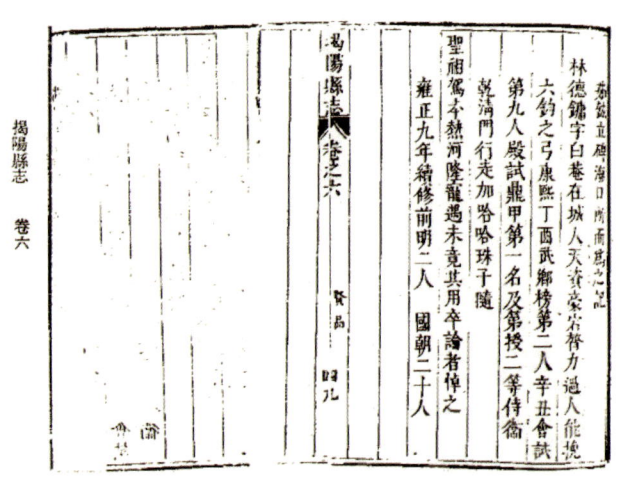

清雍正九年（1731年）《揭阳县志》中关于林德镛的记载

第二章 榕城

黄奇遇（1599—1667年）

| "戊辰四俊"之黄奇遇 |

明朝万历年间，在揭阳渔湖都广美乡有一位叫黄奇遇的穷秀才，虽然满腹诗书，却家境贫寒，饱受人间冷暖。相传黄奇遇在赴京赶考之前，始终无法筹足盘缠，只好想到"请会贷银"的方法。谁知宴席准备好了，被请的人却一个也没来。黄奇遇感到世态炎凉，急得仰天叫苦。前来讨肉钱的屠夫黄旺赐见此情景，于心不忍，便把多年积蓄拿出来，借给黄奇遇进京赴考。

明崇祯元年（1628年），黄奇遇中戊辰科进士，为当时揭阳"戊辰四俊"之一。而后因其父亲去世，回乡守孝，三年后才回京复命，授固安县令。任职期间，常下察民情，锄奸革弊，甚得民心。还带头捐款，主持修筑城池，在清兵入侵时，让外乡百姓入城避难，并守住了固安城，避免了屠城之灾。崇祯九年（1636年），黄奇遇因政绩卓著，被擢升为翰林院编修,参与修撰《熹宗实录》。不久后,因母去世,告假回乡丁忧。

清顺治二年(1645年),南明朝唐王朱聿键于福州继位,黄奇遇奉召赶赴福州,辅佐南明抵抗清朝廷,被任为少詹事。翌年,清兵攻陷福州,朱聿键死,黄奇遇等抗清明臣遭到搜捕。1649年(清顺治六年,即南明永历三年),黄奇遇受肇庆南明永历帝特召,授予詹事府詹事、礼部左侍郎,主持部事并充经筵讲官,第二年晋升礼部尚书。此时南明朝内部帮派斗争激烈,黄奇遇屡遭诬陷,据理力争后得以澄清。但其见国家存亡之际,朝廷腐败,勾心斗角,痛心疾首,于是连上三疏,告老还乡。

回归乡梓之后,黄奇遇深居简出,自号绿园居士,寄情山水,终老一生。

黄奇遇故居内的麒麟石雕

第二章 榕城

位于揭阳渔湖广美村的黄奇遇故居

揭阳才子宋兆禴

明朝天启年间,揭阳知县曾应瑞在县城东面开辟进贤门。相传此处原本就是一处城门,因此当地才子宋兆禴(yuè)登上城楼时,有感而发,写下《重开进贤门记》一文:"登斯楼也,极目渔湖,连城而东,环都皆水,界两河而尽头,如岛在海,如舟在江……外引阛阓,稠烟次鳞,极目坤隅,箸缥际之苍茫,断处略献碧波一抹,如掌衔天……"

宋兆禴出身于揭阳榕城凤围村的大家望族,从小聪明伶俐,文采出众,十八岁得中举人。明崇祯元年(1628年),宋兆禴进京赴考,高中进士,金榜题名,随后授江西广昌县令。上任之后,宋兆禴首先清理积案,再修订乡规民约,整顿社会治安,带头捐出俸禄建造桥梁、改造街道等,让百姓安居乐业。他倡导兴办学堂,延请名师教育弟子,培养人才。在他的管理之下,贫穷闭塞的广昌逐渐发展起来。宋兆禴在广昌任职期间,

位于榕城东郊凤围村的宋兆禴故居,即宋氏宗祠,祠堂堂匾书"履元堂"

宋兆禴故居于 2009 年被列为揭阳市文物保护单位

政绩显著，其父也蒙受皇恩奉赐，封为文林郎。而后，宋兆禴回家丁母忧，当地百姓为了怀念他清冤狱、兴文化、筑县城，为他建了生祠。

宋兆禴服满之后，又被任命为浙江杭州的仁和县县令。在仁和任职五年，宋兆禴为当地百姓办了不少实事，受到百姓的赞扬和尊敬。但也因为他不拘小节，不阿谀奉承，难讨上级欢心，最终只得解绶归乡。

在杭州时宋兆禴便喜欢组织文人学子赏景游湖，会文赋诗，酬谢答对。归家之后，旧庐不改，终日与弟弟兆榕讲文吟诗，或邀请三两略通诗文琴弦的好友，饮酒唱和，琴鹤相随，怡然自足。

先民遗风今不忘

行彩桥

在榕城有这样一个传说,古时候的揭阳经常遭洪涝灾害,百姓苦不堪言。有一年恰逢城中闹元宵时下起了大雨,榕江河水暴涨,这时出现一仙女,将手中的彩带化作彩桥,帮助百姓行彩桥脱离困境。从此以后,每年的元宵,揭阳便多了一项度厄祈福的行彩桥习俗。

"上元张灯树,放烟花,扮八景,舞狮子……妇女儿童渡桥投块谓之度厄,或采竹青拾瓶嘴以归,取义宜男",这是清乾隆四十四年(1779年)《揭阳县正续志》中关于"行彩桥"的记载,可见当时这一民间祈福活动在揭阳已十分流行。时至今日,榕城行彩桥习俗已是广东省非物质文化遗产。

每年正月初十,榕城老城区的各座桥梁都被打扮起来,张灯结彩,桥两侧的扶手栏杆和桥头柱子上扎满榕树枝和竹枝。到了正月十一,人们争相涌向彩桥,这一日的行彩桥被称为"行头桥",渡桥时每人手拿石子、瓦片等物,随心所欲投向桥下。"摸石狮"是"行头桥"中一项重要的习俗,人们根据自己的愿望摸石狮不同的部位念不同的祈祷

第二章 榕城

语。"行头桥"时，人们都要采下桥头的榕枝竹叶，拿回家插在门楣上，以祈求带来好运。正月十五的行彩桥称为"行二桥"，因为这一日还有闹元宵、赏花灯习俗，所以"行二桥"远没有"行头桥"热闹。正月十六是"行尾桥"，整个"行彩桥"活动至此结束。石狮桥是每年"行彩桥"最热闹的地方。

随着社会的发展，"行彩桥"出现新的变化。彩桥的装饰越来越丰富，除了传统的内容，还出现了大型灯光设备、立体造景、大幅喷绘彩画等等。以往掷石头瓦片等形式已不再出现，增加了放电影、演纸影戏、演奏民乐、舞狮等大型活动。不管哪种形式，都是表达人们美好的祝愿和对幸福生活的向往。

石狮桥是每年"行彩桥"最热闹的地方

发现城市之美·揭阳

揭东桂林刘氏大宗祠房梁上的彩画

| 彩画 |

　　在揭阳的祠堂庙宇和古民居中，除了精细的木雕、绚丽的嵌瓷非常引人注目，彩画的身影也几乎无所不在。那门窗、屏风、房梁等木构件上或者墙壁上色彩斑斓、栩栩如生的彩画，令人忍不住感叹，原来这就是"雕梁画栋"。

　　中国用彩画装饰建筑历史悠久，揭阳现今留存的古建筑彩画大多是明清时期的。彩画的题材内容有山水、人物、动物、花鸟、水族、果蔬等，这些寓意吉祥的图案，表达了人们对科举入仕、健康长寿、生活美满的向往。比如常见的鹤、鹿、仙桃等，象征福禄长寿；还有一些祠堂上会出现螃蟹、龙虾题材的彩画，因蟹有壳，象征科甲，而龙虾则象征财运亨通。

彩画所用的颜料主要是油漆。油漆能够对木构件起到保护的作用，使其避免受风吹日晒，有防腐防潮的功能，以其绘制的彩画即使过了几百年，依然色彩鲜艳。揭阳彩画主要有金漆画和五彩彩漆画两种。庙宇祠堂中梁架、门窗的彩绘就是五彩彩漆画。五彩彩漆画制作时先上底漆，再用彩漆描绘图案，图案常用大红大绿的色彩。五彩彩漆画场景复杂，层次丰富。金漆画一般底漆为黑色，在底漆的基础上勾勒图案，再撒上金粉，最后用黑漆描绘细致的图案。金漆画常用于装饰屏风、神龛、橱柜、床等器具，一般以金、银、黑三色相衬，画面主体突出，场景较为简练。

普宁泥沟村和庆居墙壁上的彩画

2013年，揭阳彩画被列入广东省第五批非物质文化遗产名录，黄瑞林出身于嵌瓷和彩画世家，从业三十多年，经验丰富，随后也升级为省级传承人。黄瑞林的儿子黄泽平、徒弟林少群等人已继承了彩画技艺，让这一项民间艺术后继有人。

榕城仙桥田东村黄氏宗祠后厅木门上的金漆画

破门楼郑与翁仔灯习俗

在揭阳学宫的后面,有一片明清古建筑群,称为埔上里"明清一条街",其中包括廊下孙、石鼓里、元顺、祜记祠堂、破门楼郑、元长、大门楼内等明清古建筑。廊下孙在1999年旧城改造时被拆除,其余建筑物均保存至今,是榕城古民居最集中且都各具特色的居民区之一。

在这一大片特色古民居中,破门楼郑算是最为特别的。在潮汕地区,传统建筑素有"潮州厝,皇宫起"的美誉,而这座房子为什么建成"破门楼"呢?原来这座门楼最早是由明朝洪武年间的著名地师虱母仙设计兴建,因在风水学上此处属于"离"位,"离"位在八卦中属火,要想火旺,中厅不能盖顶压势,而且要建得低矮,"破门楼"由此而来。

埔上里"明清一条街",包括石鼓里、元顺、祜记祠堂、破门楼郑、元长、大门楼内等明清古建筑

第二章 榕城

"翁仔灯"是按照家喻户晓的历史、神话、传说、戏曲人物制成的泥塑,图为破门楼郑内展示的"一门三进士"翁仔灯

破门楼郑内展示的"关公刮骨"翁仔灯

清康熙末年,棉洋村郑氏十三世祖到县城谋生,逐渐将一整座破门楼购置,成为破门楼郑氏始祖。

除了奇特的建筑设计,破门楼郑更吸引人的是"翁仔灯"习俗,这项习俗是由揭东棉洋郑氏花灯("灯"与"丁"谐音)衍化而来。相传棉洋郑氏凡是族内新婚、生育男孩的人家,次年正月十一至十五必须在祠堂墙挂泥人灯屏,当地俗称"花灯",显耀宗族人丁兴旺,繁荣昌盛。在建破门楼时,虱母仙曾说此处"出财少出丁多",在大门进门处地面铺设"出丁石"。郑氏家族在破门楼创基后，人丁确实日渐兴旺，所以亲戚朋友总来索取花灯，想讨个彩头。族中长辈依照先例，每年生育男孩的家庭于次年正月十一至十五，在破门楼大厅以抓阄形式确定由哪一户来摆设泥塑戏剧人物，当地称"翁仔灯"。

每年主办"翁仔灯"的人家要提前到潮州浮洋镇大吴村定制"翁仔屏"和"翁仔米"。"翁仔屏"是指按照家喻户晓的历史、神话、传说、戏曲人物制成的泥塑，比如"海瑞打严嵩""姜太公遇文王""仙姬送子""柴房会""贵妃醉酒"等等，这些泥塑主要用于摆设观赏；"翁仔米"则是一些乐器和动物的小型彩色泥塑，可供儿童玩赏，用来馈赠新婚、未生育男孩的亲友，祈祷来年添丁生男孩。

"翁仔灯"习俗曾因抗日战争停办，直到1993年才复办。2015年，破门楼郑"翁仔灯"被列入广东省非物质文化遗产名录。

破门楼中厅未盖屋顶，且建得低矮，后来被郑氏购置，故称"破门楼郑"

行走的餐桌

炮台南糖

南糖,并非南方生产的糖,而是指经过搅拌等工序制作的糖食品。"南"是潮汕方言,是"浇注"的意思。南糖是潮汕地区传统美食,尤以炮台镇南糖最为正宗。

炮台镇紧靠榕江,水路发达又盛产蔗糖,于是逐渐出现一些以蔗糖为原材料的饼食作坊。在民国初年,炮台镇就有十几家饼食作坊,其中以黄氏族人经营的"名利号"和"乾利号"最为有名。他们采用传统手艺、传统配方制作的"蛋面南糖"和"豆仁南糖",是潮汕地区最具特色的伴手礼。20世纪90年代初,"乾利号"由第四代继承人黄伟锦与其妹黄瑞莲共同经营,经改良的"鸡蛋酥"和"鸡蛋南糖",松软爽口,清甜醇香,油而不腻,是让炮台南糖走出潮汕地区,销售至港澳地区和东南亚一带的拳头产品。

制作"鸡蛋南糖"的材料选用本地砂糖、鲜鸡蛋、肥猪肉、麦芽糖和精面粉,且配比要恰到好处。每一道工序都至关重要,搅拌鸡蛋和搓揉面粉要手工操作才能保持面筋完好,制出的南糖才柔脆、软糯、筋道。如果为图省事,用机器操作,则会失去嚼头与黏性,味道大打折扣。揉搓好的鸡蛋面放入器皿中,用薄膜覆盖,保持适当的温度发酵。

接下来是擀面、切面、炸面、熬糖等工序,从切块大小、时间长短到文武火把控既有严格的规定,又有经验判断。

随着越来越多年轻人外出务工,手工制作、工序繁多的"南糖"制作工艺如何传承下去,如何更适应现代人的口味和健康理念?这也是众多传统美食面临的共同问题。

南糖的主要配料麦芽糖浆,"南"是潮汕方言谐音,为"浇注"的意思

未浇注上糖浆之前的鸡蛋酥,淋上糖浆之后成为"南糖"

桃山芥蓝

芥蓝是潮汕地区极受欢迎的蔬菜,在潮汕人的心目中,芥蓝在蔬菜中的地位,好比海鱼中的马鲛鲳、潮剧中的《苏六娘》。早在清朝雍正九年(1731年)的《揭阳县志》中就有对芥蓝的记载:"芥蓝,叶如蓝而厚,青碧色,菜之美者。一名芥兰,以其味与芥类,花与兰类也。"

在潮汕各地盛产的芥蓝中,揭阳炮台的桃山芥蓝尤为出名。桃山芥蓝原产于桃山村

炮台镇桃山村一带水土优良,适合种植桃山芥蓝

第二章 榕城

桃山芥蓝为黄花芥蓝，是潮汕芥蓝中的珍品

红门楼，为黄花芥蓝，是潮汕芥蓝中的珍品，具有叶软皮薄、菜薹柔嫩、香脆清甜、营养丰富等特点。芥蓝用来爆炒最为美味，用猪油来爆炒更为柔嫩鲜脆。

桃山芥蓝性喜冷凉、湿润，忌高温，栽培以秋冬季最适宜。每年 10 月，桃山芥蓝开始上市，一直到来年 2 月份，都是芥蓝的收成期。芥蓝的茎部再生能力强，主茎采摘后，腋芽能迅速生长，所以一株芥蓝可多次采收。

在炮台风门古径景区附近，有五百多亩的桃山芥蓝种植地，这里土质优良，泉水清澈，极适合种植桃山芥蓝。现在，桃山芥蓝声名远播，早已走出揭阳，成为更多人家桌上的美味。

|"石牌红"番薯|

十一二月正是"石牌红"番薯收成之时,来到石牌村,当然不能不尝一尝"石牌红"烤番薯。从石牌村进入揭阳风门古径景区的道路两边有不少烤番薯的小摊,摊主热情和善,知道我们要买烤番薯,便让我们自行挑选。这些红番薯足有碗口大小,在烤箱旁边还放着几大筐待烤,有些还沾着些湿润的泥土。据摊主介绍,这里的烤番薯都是现挖现烤,味道更鲜美。拿到烤番薯,虽然还烫手,却仍迫不及待地剥开尝鲜,这"石牌红"番薯内里金黄鲜艳略带红色,令人十分赏心悦目,吃起来甜中带甘,满口盈香。在寒风凛冽的秋冬吃上一口新鲜出炉的烤"石牌红"番薯,胜过多少人间美味。

"石牌红"番薯是炮台镇石牌村的特产。清朝时,炮台镇成为港口商埠,一种皮薄肉厚的番薯从南洋传入当地。因石牌村位于桑浦山麓,山泉水清醇,气候适宜,又恰好

揭阳风门古径景区之外的石牌村,种植着大片"石牌红"番薯

是沙质土壤，非常适合种植番薯。经过一代代的优胜劣汰，逐渐培植出皮薄肉厚、颜色橙红、清甜醇香的红肉番薯。后来又与其他地方移植的优质红肉番薯杂交，培育出更加适合当地种植的"石牌红"番薯。

"石牌红"番薯贮藏越久，肉质越香甜适口，在炮台镇还有走访亲友时以其作为馈赠的习俗。将"石牌红"番薯去皮切成块状，与芋头块一起煎至七成熟，浇上糖浆，做成的"糕烧番薯芋"是多少潮汕人的"心头好"。随着人们生活水平的提高，优质的"石牌红"番薯也因颜色美观，肉质清甜醇香，成为潮汕宴席上的常见菜式，广受欢迎。

刚挖出来的"石牌红"番薯

"石牌红"番薯颜色金黄鲜艳，吃起来甜中带甘，在当地十分受欢迎

"糕烧番薯芋"成为潮汕宴席上的常见菜式

第三章

揭东

- 难忘的乡野滋味
- 名臣功绩耀古今
- 水村山郭话桑麻
- 匠心巧手出绝艺
- 雕梁画栋今安在

揭东：揭邑翘首向东方

揭东区位于揭阳市东北部，地处汕头、潮州、揭阳、梅州四市的中间地带，东接潮州市潮安区，南连揭阳市榕城区，北与梅州市丰顺县接壤，西与揭阳市揭西县为邻。1991年，揭阳撤县立市，原揭阳县析出15个镇组成揭东县，因大部分境地在揭阳东部，故称揭东。2012年，揭东撤县为区。

自秦朝建置揭阳县，揭东历来为揭阳属地，历史悠久，钟灵毓秀。"金曲溪，银锡场"，揭东物阜民丰，石母双峰寺、腾龙寺等众多名胜古迹，承载着人们的信仰。名山、异洞、奇石、秀水、竹海、茶园等构成了绮丽迷人的自然风光。以围成寨的古村落，繁衍数百年，少部分潮客混居的村落，将潮汕和客家两种不同的文化相融于一体，又各具特色。保存着明清风貌的古建筑群，崇祀祖先、报本追源的祠堂，展示着时代的印记和揭阳的文化特色。直隶总督郑大进府、中国核潜艇工程总设计师黄旭华的故居等，为人们讲述先贤

揭东航拍图（中共揭东区委宣传部供图）

第三章 揭东

们的光辉事迹。

每十二年才举办一次的国家级非物质文化遗产"灯竿彩凤"民俗，浦东牛皮鼓制作技艺的传承，裁竹为丝编织成画的功底是潮汕民间技艺一绝。

喝一泡浓醇的高山茶，听一折经典潮剧《苏六娘》，是老人们悠闲的生活方式，如果兴起，或许他们还会讲讲名臣直隶总督郑大进小时候的传奇故事，或是老一辈揭阳妇孺皆知的抗清九军令人闻名生畏的事迹。

用壳薄肉厚脆甜无渣的埔田竹笋，煎一盘金黄酥脆的笋粿，再品一品东寮槟榔芋头做成的全芋宴，是美食探寻者最满足最幸福的时刻。

2011年，揭东境内的潮汕机场正式启用，每天迎来送往来自全国各地、世界各国的游人，为这座古邑增添了新时代的朝气与活力。如果说榕城是揭阳的心脏，那么揭东就像揭阳昂扬的头颅，翘首向东，意气风发，自信向上。

雕梁画栋今安在

| 锡场林氏宗祠 |

锡场，曾经以锡矿业的开采加工而发展成寨，历史上一直作为商贾贸易集散地，物华天宝，人杰地灵。林氏族人在这里世代繁衍，以林氏宗祠作为合族信仰的载体，继续光耀先祖，福泽后代。穿梭于锡场古村的古街巷里，从锡中村走到锡东村，姑垭西围、龙眼脚、飘香斋、书楼厅、糖房后、老祠堂西巷等充满趣味的老门牌依次呈现眼前，其中就有位于"老祠堂西巷"中的锡场林氏宗祠。

锡场林氏宗祠始建于明洪武十五年（1382年），历代均有重修，现存为清

栩栩如生的透雕石麒麟

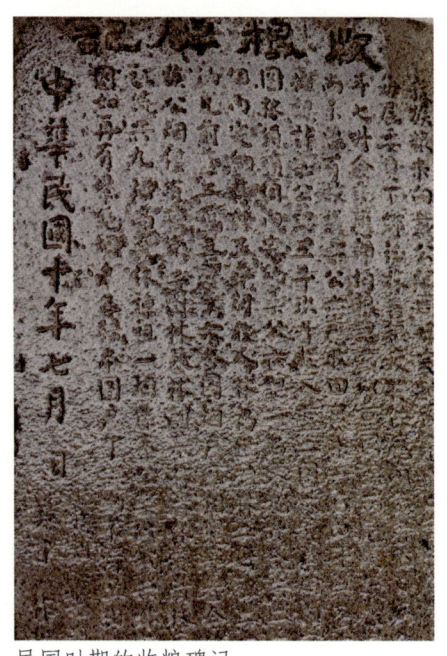

民国时期的收粮碑记

光绪二十五年(1899 年)修葺后的风貌。宗祠的大门之外是一道斑驳的木栅栏门,把宗祠围护起来,也仿佛隔开了与外界的交流。进入祠堂里可见一些印有"世德堂"字样的长条板凳,是林氏宗祠作为学校时的学生课凳。祠堂里历经沧桑却仍精致的木雕,载满岁月的痕迹。大门两侧光滑的石墩,风华已去但韵味不减,石刻的鸾凤似乎蓄势待发,一鸣惊人。

锡场林氏为九牧林苇裔孙林南陇从福建莆田迁居锡场衍派,奉林南陇为开基始祖,与港口村林氏同为一族,故祠堂皆称"世德堂"。祠堂作为一个氏族用以怀祀祖先的神圣之地,在旧时潮汕地区多被作为学校使用。自 1921 年开始,锡场林氏宗祠一直作为世德学校的办学地址,1994 年之后为锡东村小学使用,于 21 世纪初停用。现在,林氏宗祠祠堂里还保留着教室的样貌,看着墙上存留着的黑板,仿佛又重现老师们谆谆教诲的身影和学生们琅琅的读书声。

林氏宗祠始建于明洪武十五年(1382 年),历代有重修,现存建筑为清光绪年间重修

| 腾龙寺 |

腾龙寺始建于唐贞观年间，原位于海阳县与揭阳县分界处的大脊岭。大脊岭高耸如屏，西南山麓有巨石嵯峨耸立，名曰"腾龙塔"，腾龙寺因建于腾龙塔南侧而得名。明洪武年间迁往揭东玉窖镇今址，1941年日寇入侵潮汕时被毁，现寺为1993年重建。

与众多的佛教仙踪隐逸山林不同，腾龙寺位于车水马龙的大道旁边。从四柱三门重檐琉璃瓦顶的山门进去，沿中轴线分别是放生池、四面佛亭、天王殿、大雄宝殿，整座寺院保持着宋代的建筑风格，正殿之后是宽阔院落，由三圣殿、卧佛殿、藏经楼组成的三层楼阁。飞檐翘角，朱墙黛瓦。

腾龙寺因大脊岭上的腾龙塔而得名，现寺是迁址后于1993年重建

腾龙寺保持着宋代建筑风格,后殿由三圣殿、卧佛殿、藏经楼组成

发现城市之美·揭阳

　　正殿前四面佛亭内供奉着一尊四面佛。四面佛刻于方形石块之上，佛像及四周的纹饰均描成了金色，南北两面分别刻日月灯佛、焰肩佛，东西两面则刻阿閦鞞佛和无量寿佛。据说此四面佛自建寺时便有，现石刻画面虽已不再棱角分明，但仍保存相对完好，是腾龙寺的镇寺之宝。

　　寺院的正殿与侧殿开半月门连通，漫步其间，错落有致的楼阁廊院，引人入胜；院落里几株开得正盛的龙吐珠，白花红蕊绿叶，相映生辉，给平时梵音袅袅、钟声阵阵的肃穆佛家之地平添了几缕闲适的烟火气息。

镇寺之宝四面佛，从唐贞观年间建寺时保存至今

石母双峰古寺

佛教传入中国后,在唐代曾达到了一个鼎盛期,《旧唐书》中提到当时的寺院"皆云构藻饰,僭拟宫居",这种盛况在今石母双峰古寺也体现得淋漓尽致。

桂岭镇石母双峰古寺为榕城区双峰寺前身

石母双峰古寺位于揭东区桂岭镇双山村，古属磐溪都双山。双峰古寺于宋绍兴十年（1140年）由法山禅师始创，曾两度毁于战乱，至明初由石山禅师迁建于今榕城区马山巷。马山巷双峰寺于清雍正六年（1728年）毁于台风后又重建。为将两座双峰寺区分开来，旧址桂岭双峰寺因双山有两峰对峙，山巅有巨石类笏，故称"石母双峰古寺"，而迁址马山巷的则称"双峰寺"。

　　石母双峰古寺规模宏大，殿宇壮观，佛像威仪。整个寺院皆由黄色琉璃瓦饰顶，在阳光下金碧辉煌，气派庄严。寺庙中几处主殿殿前均立有石雕盘龙柱，整石雕就，惟妙惟肖，镂雕工艺十分精湛。

　　前殿之后的院落里分守两边的地藏阁、观音阁和主殿大悲殿一样均为重檐歇山顶，在建筑等级上仅次于庑殿顶。斗拱雕梁，美轮美奂，檐顶屋脊的走兽装饰立有四兽。走兽脊的走兽装饰数量根据建筑等级来区分，在中国属太和殿为最高等级，十兽齐备。大悲殿内

石母双峰古寺大悲殿里的金漆盘龙藻井

举行重要法会时，揭阳境内其他佛寺均派住持代表齐聚石母双峰古寺诵经

供千手观音,殿顶有一八角藻井,精雕细刻,顶部中间为一金漆木雕盘龙,栩栩如生,几欲飞出。

夕阳西下,回望石母双峰古寺,宏伟的建筑,与苍山翠霭映着落日余晖,越发显得庄严肃穆,令人心生敬意。

石母双峰古寺规模宏大,殿宇壮观,大悲殿为重檐歇山顶

| 圆联围龙屋 |

围龙屋即客家围屋，在潮汕地区多称为"土楼"。圆联围龙屋位于元联村中心位置，圆联围龙屋因围墙外形呈圆形而得名。从围屋外墙脱落的斑驳墙体可以看出，墙体内壁为黏土方块砌造，潮汕人称之为"土角"。

围屋内外共两围，内围为圆形，外围为不完整的圆形，缺口部分为正门方向，正前方有一池塘，满足日常生活和防火需要。圆联围龙屋是由单层带阁楼式平房围成一个圆寨，寨门顶上彩塑有一个青狮头像，青面獠牙，威武霸气，用以辟邪镇宅，这种装饰在客家围屋中少见。

进入围屋，穿过空旷的圆埕，正面为邱氏公厅。除公厅外共有 28 间房，房间皆呈前窄后宽的梯形空间。屋顶后高前低，错落为两层，用潮汕民居中的碌筒瓦建造，为了更有利于分流排水，盖造中还用了变向拐弯的手法。公厅里墙上嵌着一块石碑，从"清乾隆十九年（1754 年）立"的字样可以看出，这围屋至少也有 264 年历史了。

寨内还有一长方形古井，井水清澈，仍可汲水饮用。现在只剩下两三

第三章 揭东

圆联围龙屋为圆形围屋，是潮州饶平客家人迁入后带来的客家建筑

圆联围龙屋内墙由黏土方块砌造,因此当地人称其为"土楼"

第三章 揭东

户人家居住，据住在寨中的老人说，其祖上是由潮州饶平迁徙而来的，所以也把饶平的建筑特色带到这里。

老人独自在屋里吃着午饭，蹭食无果的猫咪跑到野草花丛中恣意徜徉，懒了便就地躺倒眯眼晒晒太阳。另一户人家养的几只鸭子排成一队，"嘎嘎"叫着巡视着它们的领地。思绪随时空穿越到两百多年前，仿佛还能看到当年住满了人的围屋热闹的场景，其乐融融地诉说着家长里短的温馨画面。

圆联围龙屋是由单层带阁楼式平房围成的圆寨

| 九军将军府 |

"九军"这个名字,老一辈的揭阳人几乎是耳熟能详。明末抗清起义,九军的影响力不可小觑。

石坑村是个潮客混居的地方,几经问路,才在兜兜转转几个岔路巷道之后看到眼前的九军将军府。午后的阳光下,已如风烛残年的老人的将军府遗址,唯剩一座门楼在岁月的风雨中坚守。

九军将军府,位于揭东龙尾镇石坑村,是明末九军首领刘公显的府第,为九军起义的大本营。明末清兵压境,社会动荡不安。清顺治元年(1644年),揭阳武生刘公显为反抗清廷统治,组织了数万民众,成立了九支抗清队伍,号称"九军"。刘公显率军一举攻占揭阳城,铸印选官,自定朝号为"后汉",自称帝名"大升"。在福州即位的南

九军将军府是明末九军首领刘公显的府第。刘公显为反抗清廷统治,成立了九支抗清队伍,号称"九军"

第三章 揭东

刘公显兵败,九军将军府遭焚毁,现只剩残垣断壁

明隆武帝朱聿键诏封刘公显为左军都督,授镇国将军印,并赐其在家乡建将军府。

清顺治五年(1648年),郑成功派其叔父郑鸿逵率领水师到潮州与刘公显会师。次年,郑成功又亲率大军与刘公显联合抗清,大获全胜。顺治八年(1651年),刘公显率领得力将领十几人秘密潜入潮州城欲策反清总兵郭虎,因行事不密走漏风声而被捕,一个月后被杀害。刘公显兵败,九军将军府遭焚毁。

如今的九军将军府,西门门楼上尚有一方石匾,刻着描了红色的"将军府"三字,证明着自己还没被岁月遗忘。围墙上的九军将军府简介字迹已经略显模糊,一圈断壁残垣在时光的洪流中被风化磨损了原来的气势和棱角。半米厚的贝灰三合土夯筑的墙壁,如今榕树根破墙而生。围墙之内还剩两座破败的房屋,资料中记载的东门、北门、厢房、库房等已无处可寻。

发现城市之美·揭阳

水村山郭话桑麻

| 北河村 |

北河村位于磐东街道西北部，含棉浦、水涧、徐厝、杨厝四个自然村，因榕江北河绕村而过，故名北河。北河村历史悠久，碧水环绕形成了典型的潮汕水乡，四季气候宜人。北河村数百年来人文荟萃，古迹众多，底蕴深厚，保留着传统的民俗信仰，是揭阳市历史文化名村之一。

水涧洪氏于元至正八年（1348年）迁居至此。至正二十年（1360年），张氏始祖从福建漳浦迁徙而来创立棉浦村。江西徐氏于明宣德元年（1426年）迁来

北河村古民居群以寨围为居住单位，围与围以狭长的寨墙为界

天褒节孝坊建于清乾隆三年（1738年），上面石刻字迹依然清晰

大沟围片区。揭阳登岗杨氏于清乾隆二十八年（1763年）迁来。各村现均存有明清时期的古民居，其中以棉浦古民居最具代表性。棉浦为四个自然村中最大的，现存有天褒节孝坊、元明清墓葬群、祠堂、公厅、国王庙、书斋等古建筑群，天褒节孝坊保存原始风貌最完整。天褒节孝坊建于清乾隆三年（1738年），是为褒奖监生张纪之母林淑宽守节行孝而赐建的石牌坊。牌坊全石砌成，工艺精湛，坊上圣旨原文、楹联、石雕等历经280年的风雨洗礼，仍坚稳牢固。古墓葬群跨越了元明清三个朝代，展现了各具特色的、罕见壮观的墓葬文化。

古人建村落喜临水而居，继而以寨围为族人的居住单位。北河村古民居群中建筑有宫边围、新寨围、新厝围、忠龙围、港畔围、祠堂围、正选围等名。有些围与围之间以寨墙为界，中间仅容一人可行，幽深的弧形巷道成了少年嬉戏猎奇的"阵地"。

棉浦村正月时会举行热闹盛大的火把节，中秋节时有烧窑习俗，四季轮换，经年累月，村民对火的崇拜，也正如人们对红红火火生活的热烈向往。

北河村四个自然村中属棉浦村张氏为大族，金鉴堂为张氏堂号

| 乔林古村 |

南宋理宗年间，乔林先祖慧眼卜地，于黄岐山西岭之阳、榕江北河之滨创寨立宗。古寨远望岐峰为屏，近抱榕水为带，钟灵毓秀，俊采星驰。乔林乡地处揭东磐东街道，旧称古乔，自宋代创寨以来，近八百春秋，寨门上仍有清雍正八年（1730年）重建时题刻的"磐垒古乔"石匾。此外，还保留着明清时期众多古建筑，有宗祠、古庙、书院等，建筑类型丰富，反映了农耕时代古乔的生活形态，是揭阳珍贵的历史遗存。

进入乔林乡主乡道，一水之隔的不远处，古榕掩映着一座古庙，倒影在水中摇曳，这就是双忠庙。双忠庙是纪念唐代平安史之乱、守睢城献身的张巡和许远。该庙最早是元朝泰定四年（1327年）创建的慈惠堂，明正统年间改建为双忠庙。嘉靖十八年（1539年）双忠庙扩建，庙门额阳刻的"双忠庙"为明代状元林大钦所书。

清康熙五十二年（1713年），双忠庙重修，庙后拓建二圣书院，供奉文昌、魁星二圣。乾隆四年（1739年）重修时加筑魁星亭。光绪二年（1876年）改建时开龙、虎门于书院东西两面。"二圣书院"四字为翰林院林景拔所题，字体

第三章 揭东

临水而建的双忠庙

磐垒古乔寨门

勉勋公祠奉祀先祖林朔，林朔号勉勋

逸虬得水。双忠庙和二圣书院体现的正是古乔敬仰忠贤、崇文重教的优良乡风。

与双忠庙同样临水而建的天后古庙，三面环水，仿若处于半岛之上，又像一艘停泊在岸边的船，连廊里多幅石刻中就有奉旨祭祀天后的诗文，故古乔人有语"楼船诏廊镌圣旨"。宋代福建湄洲的林默常于海边救人，羽化登仙后，被奉为海神，更因历代君王的褒封，成为天后圣母，因同为林姓，故林姓后人称之为"天后圣姑"。南宋宝庆三年（1227年），二世祖林崇遵循父嘱创居乔林里，继而设坛奉祀天后圣姑。元朝末年，天下纷乱，族人为避战乱四处逃散，至明洪武初定，避乱归来，重建乔林里，改称古乔寨，建天后古庙。天后古庙于清道光、光绪年间分别有重修，今保存有四方清代重修和捐资碑记。

位于乔林村古建筑群的中心地段的乔林祖祠，亦称林氏家庙，始建于明崇祯十五年

（1642年），于清乾隆四十三年（1778年）重修。现在的林氏家庙保持清代格局风貌，气势恢宏，碧瓦绿甍，朱栋丹梁，象征古乔长青，宗族长盛。精材巧艺融合其中，美轮美奂。家庙内多方刻有宗族乡规、祖训及捐资芳名录的清代碑记也均保存完好。今之林氏家庙，以巍巍其貌，奕奕其姿，继续传承着乡族悠久的历史文化，告知后世酬报前人立祠敬祖之心。

乔林祖祠往西南不远便是石埕祖厅，即翰林第，建于明嘉靖年间，是传统的"四点金"扩大式形制，1994年重修，但地坪、门墙、石柱大都还保留着明清时期的原构件。石埕祖厅天井开阔，从门前旷埕到宅内地面皆用巨大的麻石铺就，因得此名。作为曾经门庭焕耀的翰林第，如今却朴实无华，但这正如质朴敦厚的石头，保留着历史最原始真实的风貌。

石埕祖厅西面为勉勋公祠，始建于清光绪十八年（1892年），祠堂奉祀的先祖林朔，其号勉勋，故称勉勋公祠。祠堂的石雕木雕众多，内容丰富，人物精致传神，瑞兽威风凛凛，雕工细腻，在原石上描色彩绘，保留着潮汕地区传统祠堂华丽繁复的装饰风格。乔林林氏历代贤能辈出，勉勋公祠前埕有两座旗杆斗座，纪念颂扬的正是族内明万历元年（1573年）浙江宁波府定海县正堂林翔南，以及勉勋公祠倡建者、清振威将军林保。

"金殿传胪"指古代科举殿试后,皇帝召见新考中的进士,考取的进士身着公服,与王公大臣一起进殿,肃立恭听宣读考取的进士姓名、名次

新寮村：黄旭华故乡

新寮村位于揭东区西北部，始创于明万历六年（1578年），是揭阳的客属代表村落。当地村民除了会讲客家话，还会说潮汕话，古民居依然保留着"三街六巷""下山虎"

新寮村是揭阳的客属代表村落，潮客文化相互通融

第三章 揭东

"核潜艇之父"黄旭华故居（中共揭东区委宣传部供图）

建于1910年的锡廷公祠，曾经是村里的学校（中共揭东区委宣传部供图）

等清代潮汕地区的传统风格。

四百多年前创村的黄氏始祖决定在此建厅筑堂，正是看中这里的山清水秀，"暧暧远人村，依依墟里烟"，这是新寮村给人的恬然感觉。村里的分柑桥名起于本村的习俗。大年除夕，家里有添了新丁的村民会自发挑着装满柑橘的箩筐，来到分柑桥赠送给过桥的人们，让村民一起分享添丁的喜悦。村中有一口古井，自创寨至今已有四百四十年，井水依然甘甜清冽。相传每逢村中酬神演戏，戏子喝了这井水后喉润声亮，"戏子偷水"的典故正由此而来。新寮村中的古祠公厅，延续着一代代黄氏族人对先祖的感念缅怀。年逾四个世纪的古井古路，承载了新寮村浓厚的历史底蕴。这些都给这个民风淳朴的古村增添了独特的人文色彩。

这一方水土人杰地灵，从古至今，三举人故居前充满岁月痕迹的旗杆夹，向后人展示着曾经的荣耀；国民革命军第十九路军财政部长黄庭芝故居、中国核潜艇工程总设计师黄旭华的故居，为古村镀染上一层爱国主义的光辉。

傍晚的古村归于宁静，村民热情地为远道而来的访客引路，行走在被时光打磨得光圆滑溜的古石路上，空巷足音，跫然色喜，记录着被遗忘的时光。

第三章 揭东

三举人故居前从清代保存至今的旗杆夹

名臣功绩耀古今

直隶总督郑大进

郑大进（1709—1782年），字誉捷，号谦基，又号退谷，清代揭阳县梅冈都（今玉滘镇山美村）人，乾隆元年（1736年）进士，历任大名府、河间府同知，正定知府、两淮盐运使、浙江按察使、贵州布政使，河南、湖北巡抚，兼署湖广总督，授光禄大夫、太子少傅、兵部尚书等，官至直隶总督。

郑大进少时家贫，但他聪慧过人，勤学敏思，得中进士后，一路擢升。在任期间，他勤政廉明，不恃权势，关心民苦，敢于革新，宦迹遍及四方七省，

揭阳郑大进府内的郑大进像

郑大进府,亦称"大夫第""官厅"

郑大进墓位于普宁广太镇多年埔村凤归岭，图为清乾隆皇帝御赐祭文碑

第三章 揭东

揭阳知县萧应植祝郑大进妻江氏八十二大寿所题赠的"瑞凝天姥"匾

恩承北阙，望重南天。除了官场上政绩斐然，郑大进也注重自身修养，笔耕不辍，著有《爱日堂诗文集》等。他还倡修年轻时就读过的梅冈书院，亲题梅冈书院匾额、撰写《梅冈书院记》，刻石立碑，兴学育才。

乾隆四十七年（1782年），郑大进病逝，乾隆皇帝赐祭赐葬，追谥勤恪。郑大进逝后葬于凤归岭（今普宁市广太镇多年埔村），乾隆四十八年（1783年）的御制碑文、钦赐祭文及礼部尚书曹秀先所作墓志铭至今保存尚好。御制碑文刻有汉字和满文，碑亭损毁，墓前原有石马、石羊、石兽、石翁仲、石华表各一对，成两纵排列，现大多已损毁散失，所剩无几。

与其隐逸山野的墓葬相比，位于山美村的郑大进府较为知名。郑大进府建于乾隆年间，大门书"大夫第"，当地人称"官厅"。门前威武的石狮、极为开阔的旷埕和五座旗杆夹，中堂揭阳县知县萧应植祝郑大进妻江氏所题赠的"瑞凝天姥"匾，都在向世人展示着曾经的繁荣显赫。

故人西辞，昔日的荣耀已随风远去，大夫第门前整排巨大的开路石，仿佛铺就一条时光之路，引领后人循着这些珍贵遗存感怀先祖的荣光。

蔡翘（1897—1990年），中国科学院院士，生理学家，医学教育家，中国生理科学奠基人之一

蔡翘：中国生理科学奠基人

2011年10月，国际小行星命名委员会正式将207681号小行星命名为"蔡翘星"，这是首颗以潮汕人命名的小行星。蔡翘是第一批中国科学院院士，中国生理科学奠基人之一，为我国航天医学、航空医学和航海医学的创立和发展做出了重大贡献。

蔡翘于1897年10月11日出生在广东揭阳新亨镇仙美村，先后在本村私塾和镇上兰田小学上学。1917年从潮安县金山书院毕业，于次年赴复旦大学附中补习英文，又到北京大学中文系当旁听生。1919年秋，蔡翘受"五四"运动影响，从上海坐船经日本到美国留学。他用两年的时间在加利福尼亚大学和印第安纳大学完成了心理学课程，随后进入哥伦比亚大学读研究生，1922年转入芝加哥大学生理系读研究生。学习期间，蔡翘发现袋鼠亚脑被盖间存在微小核团，是其视觉与眼球运动功能关系的结构基础。论文发表后,国际学术界将蔡翘发现的大脑版图命名为"蔡氏区"。

1925年,蔡翘回国后担任复旦大学教授。当时除一些教会大学,我国自办的大学中很少开设实验生物学课程,蔡翘几乎是在零基础的情况下筹措经费,添置仪器,开展生物学、生理学等教学和实验,建立了生物学科。在教学中,蔡翘发现所有教材都是外国的,所用教学语言也普遍为英语,于是他提倡用华语教学,并开始编印汉语讲义,用近一年的时间编著中国第一本大学用的生理学教科书。

抗日战争期间,赴英国和德国进修回来的蔡翘,又先后到上海中央大学医学院、上海雷士德医学研究所、南京中央大学医学院等处任职,其间进行糖代谢、血液生理等研究,均有重要的发现。中央大学医学院西迁成都期间,教学条件十分艰苦,他在日寇飞机轰炸间隙继续试验研究。蔡翘坚持从事生理和药科的教学和研究工作,与郑集、童第周等人成立中国生理学会成都分会,组建了生理学研究所。抗日战争胜利后,中央大学医学院从成都回迁南京,他再次领导生理科教学与研究的恢复工作,继续从事小血管受伤止血的研究。1948年,蔡翘代理中央大学医学院院长,并被选为中央研究院院士。

中华人民共和国成立后,蔡翘转入第五军医大学、军事医学科学院等部队系统工作,主要从事并领导特殊环境生理学(军事劳动生理学、航天航空医学和航海医学)的研究。他编著出版了《航空医学入门》,建成我国独特的钢筋水泥低压舱、高空减压舱、爆炸减压舱、动物和人体用的加速度离心机、地面弹射救生装置、模拟失重装置、航海研究所用的潜水加压舱、高温低温舱等多项大型设备,并利用这些设备进行了大量研究工作,也培养了一批专业人才,为我国的航空航海医学研究的发展奠定了坚实的基础。

"文化大革命"时期,蔡翘受到迫害,被安排打扫厕所,他借此时间埋头著书,于1979年出版了六十多万字的《航空与空间医学基础》。晚年的蔡翘投身于培养中坚骨干及研究生的工作,他告诉学生,自己最大的心愿就是希望能看到祖国的生理科学兴旺发达。

发现城市之美·揭阳

匠心巧手出绝艺

｜玉湖炒茶制作技艺｜

　　玉湖镇坪上村是绿茶之乡，坊间素有"五房好凤梨，坪上好茶师"的说法。坪上的炒茶选用的是海拔900米以上的高山茶，多为绿茶，其中以米翠绿最为出名。每年4月是采茶开始之际，整个村子弥漫着幽幽茶香，令人心旷神怡。坪上绿茶色泽深褐，茶香浓郁，冲泡开后，茶汤浓厚，初饮略苦，品尝回甘，再品口齿留香，而且冲泡多次茶韵犹存，回味无穷。

　　坪上炒茶的制作遵循古法，工序考究，至今仍保留着烧柴炒茶的环节。柴

第三章 揭东

玉湖镇坪上村高山茶园（中共揭东区委宣传部供图）

火独特的气味与茶香相辅相成，让茶香中透着一股浓醇甘韵。

制茶的工序第一步是采茶。一年间采茶的最好时机是清明时节，采茶要在晨间雾气还未散尽前摘取，摘茶取茶心二叶一芽，这是茶叶最鲜嫩的部分。第二步是杀青。将摘取的茶叶放进敞口大锅里揉压至手感湿润，再用双手慢慢揉搓，此过程中还要频繁将团揉的茶叶打散再继续揉，用时约 40 分钟。第三步是炒茶青。茶农一年有一半时间是在种茶炒茶，一半时间是农闲。一般在 5～6 月份开始炒茶，用柴火把锅里杀青过的茶叶

采茶（中共揭东区委宣传部供图）

第三章 揭东

炒至干茶为止，然后放置冷却一天。第四步是筛选。将炒干的茶按茶心、老叶、茶末的标准分开。最后一步是升茶，即复炒。将筛选好的茶心放进锅里用文火炒，须炒足八个小时。炒茶讲究火候的掌控，多炒一会和少炒一会，出来的茶的品质都不一样。2012年，玉湖炒茶制作技艺入选广东省非物质文化遗产名录。

苏东坡云："从来佳茗似佳人。"但没有好的茶师，何来佳茗？坪上绿茶的炒茶技艺代代相传，用古法炒制出来的茶叶，比机器炒茶更多了几分诚挚和香郁。

高山炒茶茶汤深褐，茶香浓郁

收获季节，茶农采茶忙（中共揭东区委宣传部供图）

| 浦东牛皮鼓制作技艺 |

在古代，鼓最初作为祭祀器具被尊奉为通天神器，至周代逐渐成为一种乐器。鼓是群音之首，无论是宫廷音乐还是民间音乐，许多时候都以鼓作为引导。潮汕地区自古以来祭祀和庆典繁多而隆重，揭阳浦东牛皮鼓的盛行和潮汕地区传统的民风民俗密不可分。

"浮洋打铜锣，浦东做大鼓"，浮洋和浦东是潮汕地区打击乐器制作最出名的两个地方。牛皮鼓的制作工序复杂，工艺讲究，一面好鼓，从选料、制鼓皮、箍鼓桶、蒙鼓皮到最后给鼓身刷漆上色，都不能马虎。业内有句俗话"制鼓是徒弟，制皮是师傅"，说的就是在制鼓环节中制作鼓皮最为关键，是核心技术所在。首先要选用新鲜牛皮，因其韧性强，制出来的鼓质量上乘，经久耐用，敲击时音质雄浑，气势磅礴。处理牛皮最

浦东牛皮鼓制作过程中的蒙鼓皮环节

浦东牛皮鼓种类繁多,可满足潮汕地区不同民俗活动的需求

考验的是刀工,操刀全凭经验,牛皮要削得厚薄均匀,稍有不慎,整张牛皮就报废了。

  牛皮处理后要根据鼓的大小,用绳子固定在箍好的鼓架上,用专用工具拉伸定型。定型好的牛皮挂在室内阴凉处自然晾干,一般放置三个月就可以制鼓,但有些精益求精的制鼓师傅通常要将牛皮放置一年之后才拿来使用。制好的牛皮鼓再刷上鲜艳的红漆,一派红红火火的喜庆气息就立马显现出来。2011年,浦东牛皮鼓制作技艺入选广东省非物质文化遗产名录。

  浦东牛皮鼓制作技艺的代表性传承人李木瑞制鼓已经有五十年,他制作的牛皮鼓种类繁多,可满足不同场合的需求。如今不仅潮汕地区的寺庙庵堂多选用他制作的牛皮鼓,连临近省份甚至东南亚国家和地区也有他的作品。

  一声声铿锵有力的鼓声,奔放而雄浑,一代代延续着独具特色的民俗风情。

兰竹图（夏荣居 编）

｜竹丝编织画技艺｜

竹丝编织画也称"篾织"，是用事先染了色的细如丝线的竹丝编织出来的画作。不同于在竹编制品上直接作画，它是通过经纬交错、疏密粗细等对比手法编织出书法、国画作品的一种特有的技艺，画作呈现出浮雕般的艺术效果。揭阳的竹丝编织画，自宋代以来就受到达官贵人、富商巨贾和文人雅士的喜爱。

揭东霖磐镇西溪人夏荣居是揭东竹丝编织画技艺的代表传承人，他师承工艺大师陈大凌，从事篾织已有五十多年。年轻时他一边务农一边学艺，又善于研究创造，如今，对这门精妙高超的民间技艺他早已炉火纯青。夏荣居的竹丝编织画内容多为郑板桥、唐寅、徐悲鸿等名家作品，从山水人物画到书法对联，内容丰富，题材广泛。他的作品气韵逼真，获奖无数，声名远播。其代表作品有郑板桥的《石竹图》和唐寅的《八哥图》等，《梅兰菊竹》画屏也广受各界人士好评。

竹丝编织技艺制作考究，须严选当地柔韧性好含水量低的竹子作为原材料，通过对竹子进行剖片、削刮、抽丝、漂染、晒干等多道繁复的工序，最后制作出细如发丝、柔韧如纸的竹丝才能用来编织画作,编织出来的画面也才更平整光滑、细密精准。竹丝编织画主要通过编织、包缠、针串、盘结等多种技法,编织出各种纹样,结合疏密对比、经纬交叉、穿插掩压、粗细变化等手法,使编织的平面上形成凹凸、起伏、隐现、虚实的艺术效果,宛若浮雕。

夏荣居精益求精,一幅画作有时需要用到上万根竹丝、历时数月编织而成,他在传承古法和博采众长的基础上,又创造了黑白两织手法。这种技法类似刺绣里的双面绣,使编织画正反两面都具有观赏性,黑白分明,对比强烈,精美绝伦。

揭东竹丝编织画这门民间绝技因难度大工艺复杂鲜有人学,虽还未濒临失传,但其传承仍是一个不容忽视的问题。2013年,揭东竹丝编织画技艺入选广东省非物质文化遗产名录。

梅兰竹菊屏,4幅,2004年获广东省美术展银奖(夏荣居编)

| 匠心巧制珐琅彩 |

掐丝珐琅在元代从阿拉伯地区传入中国，以金丝或铜丝掐出图案粘牢于胎体焊接牢实，再填上珐琅彩料之后经焙烧、镀金等多道工序制成，因在明代景泰年间空前兴盛，多采用蓝色釉料，又称景泰蓝。掐丝珐琅经过七百多年的传承，从器皿逐渐发展至陈设工艺品，从立体走向平面。在其不断创新发展的道路上，李森南算得上是一位"奇人"。

李森南是中国美术家协会高级会员、中国香港美术家协会会员。1952年出生在广东揭阳玉湖镇，他喜欢看家乡民居、祠堂、寺庙里的各种楹梁彩绘，喜欢看家乡木雕、嵌瓷等手艺人做活。儿时的耳濡目染，使他有了良好的绘画功底，记得小时候用粉笔在墙上画了两条鱼，获得全村人交口称赞。

李森南制作的掐丝珐琅工艺品

第三章 揭东

2003年，李森南来到深圳。因儿子在大芬油画村开了一家贩卖油画的店铺后，每天都接触大量油画、版画等艺术品，沉睡在他身体里大半辈子的艺术细胞突然被激活，他迷上了掐丝珐琅。没有经验，没有老师，全靠专业书籍、网上查阅资料和极高的艺术悟性，一点点积累。制作一幅精美的掐丝珐琅画首先要绘图，他把宫廷器具、花鸟鱼虫、唐卡等画作一一临摹，在方寸之地，要完成点胶、掐丝、点蓝等十几道工序，一幅作品少则十天，多则数月才能完成。他"半路出家"，却匠心独运，制作平面的掐丝珐琅，既蕴含着掐丝珐琅器原有的古典美感，又融入时尚之美，表现出书画笔墨无法达到的立体艺术效果。

耐心与执着，是成功的必备要求。十年刻苦钻研，李森南终于成为蜚声艺术殿堂的珐琅彩绘大师。他制作的掐丝珐琅掐丝生动，回曲活泼，繁密紧凑，珐琅鲜艳，极具艺术和观赏价值，曾作为国礼赠送给外国政要，连国家领导人也称他为"民间高手"。随着李森南在艺术界的声名鹊起，有不少人慕名来拜师学艺，并学成而归。

李森南正在制作掐丝珐琅

发现城市之美·揭阳

难忘的乡野滋味

|"芋"罢不能东寮芋|

潮汕民谚有云:"七月番薯八月芋。"东寮村每年农历十月开始种植芋头,次年中秋前后收获,中秋吃芋也成为当地的习俗。

东寮村的芋头属槟榔芋,因形似槟榔而得名。东寮芋个大味香,肉质松软,其种植历史已有三百多年。1935年谢雪影编著的《潮梅现象·揭阳物产》中就有关于东寮芋的记载,提到其有别于其他地区的芋头,价格稍贵,有"东寮芋"的声誉,可见当时已经远近闻名。

东寮芋之所以出名,与当地得天独厚的地理环境和祖祖辈辈传下来的种植经验密不可分。东寮村地处榕江北河中游北岸,属群山环绕的盆地,地理位置优越。这里的沙质土和山坑水为东寮芋的生长提供了良好的条件。据村民介绍,东寮村许氏一族奉潮州许驸马许珏为祖,自清康熙年间从潮州饶平迁徙来此定居已有三百多年,东寮芋的种植也是从那时开始的。

时至今日,东寮芋已成为席上佳肴和送礼佳品,每年都供不应求,甚至有华侨专门预订带到海外。在当地,芋头的吃法可谓花样百出,最有名的是全芋宴。煎、炸、蒸、焖、煮,烹饪的十八般武艺都能用来料理芋头,一个芋头可做出十二道菜式,其中最经典的是蒸芋块、反砂芋头、芋泥、炸芋球等。芋头浑身是宝,芋梗去外皮取最嫩的梗心也可入菜。不同的烹饪手法呈现出来的芋头菜式色系也不一,金黄的炸芋片,灰紫色的芋泥羹,裹着白色糖霜的反砂芋,充满绿色生机的芋梗煲……光从视觉上就已经让人垂涎欲滴了,一道道品尝过后更能深刻体会到全芋宴的色味俱佳。

东寮芋个大形长,因形似槟榔而得名"槟榔芋"

东寮村的全芋宴

发现城市之美·揭阳

竹笋之乡出"笋王"

笋,《尔雅》谓之"竹萌",《说文解字》谓之"竹胎",作为竹子最嫩的部分,笋常被称作中国传统菜肴里的"山珍"。《诗经》中"加豆之实,笋菹鱼醢"的诗句,表明了笋的食用历史已有两三千年之久。在潮汕地区,笋也有"节节高"的寓意。

揭东的埔田镇和锡场华清村都位处丘陵山区,自然环境优越,是远近闻名的竹笋基地,也是揭阳著名的竹笋之乡。埔田山清水秀,阳光充足;华清四季分明,气候宜人。这两处竹笋基地肥沃的红壤土和充沛的雨量,都特别适宜喜高温高湿的麻竹生长。春季,徜徉在绿影婆娑的竹海中,竹涛阵阵,生机盎然。初夏笋芽开始破土,笋农会适时给笋

埔田笋粿,将粿条与竹笋一起炒后煎成金黄酥脆的饼状

第三章 揭东

埔田竹笋，堪称"竹笋之王"（中共揭东区委宣传部供图）

施肥。待到盛夏竹笋收获的季节，用锄头刨开湿润的泥土，个大形长的鲜笋逐渐冒出来时，人们丰收的喜悦和对美味的憧憬也随之破土而出。

竹笋味甘、微寒，具有清热化痰、益气和胃等功效。揭东竹笋壳薄肉厚、个大脆甜的特点，深受食客的喜爱，特别是埔田出产的竹笋，长约两尺，堪称"笋中之王"。竹笋要选在清晨露水最重的时候采摘，可以最大限度保持竹笋的鲜度。新采的竹笋脆嫩无渣，食用起来口感更佳。用竹笋能做出各种不同的菜式：竹笋切碎包成笋饺，煎后金黄酥脆；笋丝与弹韧的粿条一起煎炒成笋粿，外酥里嫩，粿条弹性十足，笋丝鲜脆爽口，笋香和米香相互交融，美味可口；将新鲜的竹笋切丝，与鱼头一起熬煮成浓郁的鱼头笋汤，鲜香四溢；而竹笋经过晒制变成笋干，和五花肉炖成菜煲，又别有一番风味。

春去秋来，四季更迭，食笋的黄金季节只有每年端午到中秋这两三个月的时间。眺望着接天竹叶无穷碧的竹林，又盼望着来年新鲜美味的竹笋登上餐桌。

新亨菜脯：质朴的乡味

菜脯即萝卜干，《本草纲目》中称萝卜为"莱菔"。潮汕人几乎家家户户都会自己腌制菜脯，揭阳有句俗话说"新亨出名老菜脯"，可见新亨菜脯远近闻名。

好的菜脯要用质量好的萝卜来制作。新亨是农业大镇，这里土壤肥沃，出产的萝卜个大汁多，甜脆水灵，非常适合腌制菜脯。秋冬时节，萝卜收获后，将萝卜洗净，竖着切半，然后摊开晾晒，晒制时还要注意翻转，以便两面都能晒均匀。晚上收回箩筐撒盐腌制，为了把萝卜的水分挤压出来，人要光着脚站上去踩实，这也就是当地人所说的"踏菜脯"。边踏菜脯还要边撒盐，最后用石头压实，第二天再拿出来继续曝晒，如此反复，

菜脯即萝卜干，将萝卜反复曝晒加盐腌制，半个月即成，是潮汕人家家必备的佐餐杂菜

通常晒制半个月左右。

据当地人介绍,新亨菜脯还有新老之分。新菜脯是指当季新鲜晒制的,口味较淡,更加爽脆。老菜脯晒制时间长,口味较咸,为多年腌藏的,较为干韧。陈年老菜脯放置十年八载也不会变坏,而且还有药用价值。

菜脯有消食开胃的功效,腌制好的菜脯吃起来爽脆适口,咸中带甜,香味浓郁,是佐餐和菜肴调味的佳品。菜脯煎蛋是当地的家常菜,菜脯切丁与鸡蛋搅拌煎制,不用调料,咸淡适中;菜脯切成薄片,与冬瓜一起煮汤,鲜美爽口,入喉难忘。

清代同治年间,新亨倪厝(今硕和村)乡人远下南洋,把菜脯带出去,自此带动了新亨菜脯的出口,新亨菜脯随着潮人到海外谋生而远销东南亚众多国家和地区,成为享誉海内外的知名产品。

新亨菜脯承载的是一代代潮汕人的记忆,是一种来自家乡的让人熟悉又安心的味道。

新亨盛产个大汁多的萝卜,为菜脯制作提供优质原材料

第四章

普宁

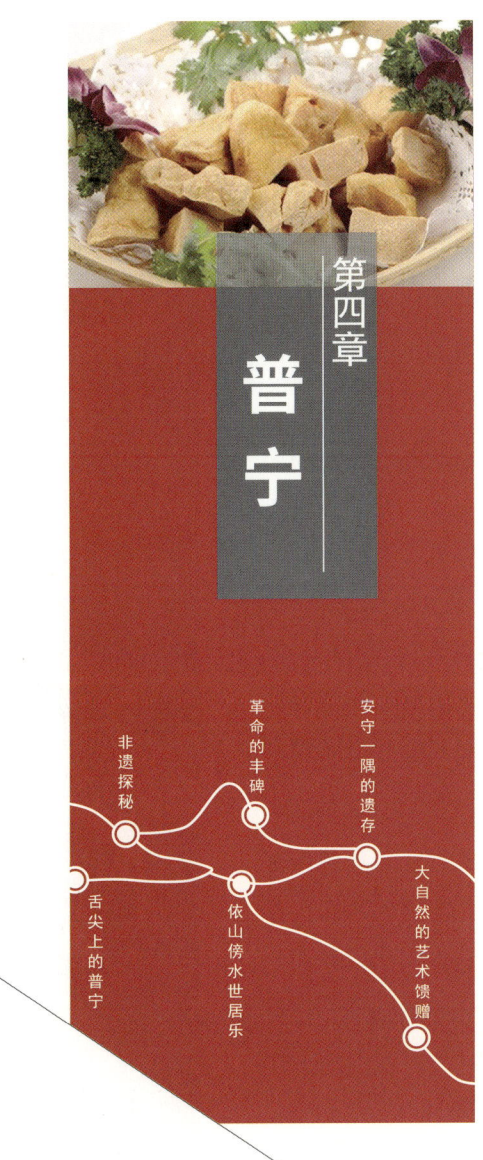

- 非遗探秘
- 革命的丰碑
- 安守一隅的遗存
- 舌尖上的普宁
- 依山傍水世居乐
- 大自然的艺术馈赠

发现城市之美·揭阳

普宁：民间艺术之乡

普宁位于潮汕平原西缘，东毗汕头市潮南区，南邻惠来县，西南连陆丰市、陆河县，西北接揭西县。1993年，普宁撤县设市，由揭阳市代管。普宁历史悠久，置县始于明嘉靖四十二年（1563年），是传统的潮州八邑之一。

普宁底蕴深厚，众多的历史遗迹与丰富的民间艺术文化在这里交相辉映。有"广东第一窑"之称的虎头埔古窑址、罕见的府第式古村落德安里、清代名臣林则徐忠魂归宿之处文昌阁、"八一"南昌起义南下部队指挥部军事决策会议旧址，以及培风塔、盘龙阁、泥沟村、果陇村、杨石魂故居等等，无不透露着普宁丰富的底蕴和光辉灿烂的历史。

在潮汕文化的氛围中，普宁也有着众多具有地方特色的民间艺术，被誉为"中国民间文化艺术之乡"。普宁英歌和嵌瓷被列入国家级非物质文化遗产名录；广东汉乐、贵政山茶叶罐制作技艺、佛手老香橼制作技艺、普宁豆酱制作技艺等，是普宁富有地方特色的民间艺术。

普宁钟灵毓秀，风光秀美，除了众多的名胜古迹，还有摩天石、善德梅海、南方梅园等令人惊叹的自然风光，乃观光、旅游、休闲之胜地。普宁是中国"水果之乡""青梅之乡"，丰富的特产再加上特色浓郁的各色小吃、佳肴，让人流连忘返。

第四章 普宁

普宁英歌是当地极具特色的民间艺术,已被列入国家级非物质文化遗产名录

发现城市之美·揭阳

大自然的艺术馈赠

梅海雪香

普宁是青梅之乡,自古先民便有植梅之习,不仅可以收获梅果,亦有"梅开五福",福寿康宁之意,梅乡的美誉也是由来已久。

普宁的梅,多分布于大坪、梅林、高埔等地,最盛者,莫过于南阳山一带。花未开时,漫山遍野的青绿,梅树在其中反而不显眼。等到小寒一过,大寒将至,梅花纷纷绽放,一夜之间犹如落了一场雪,风一吹过,落英缤纷,梅香四溢。

南阳山区大坪镇善德村,位于山窝

作为青梅之乡的普宁,自古先民便有植梅之习

第四章 普宁

普宁的梅，多分布于大坪、梅林、高埔等地，图为普宁大坪善德梅海

之中，村边四周均可见梅树，素有梅海之称，是"普宁新八景"之一。善德的梅花，多以白梅为主，素白的花瓣包裹着中央一圈朱红，初心一样的红，透彻清雅。每年冬天，漫山遍野的梅花争妍斗丽，古朴的客家古村掩映在梅花中间，青黑色的砖瓦映衬着白色的梅花，分明的色彩、原野的气息，为不辜负这山花美景，约二三知己，青梅树下煮酒言欢，让人不禁有身置世外桃源之感。

大南山摩天石是普宁登高望远、览胜观景的好去处

第四章 普宁

大南山摩天石

若说登高望远、览胜观景之地，在普宁大南山一脉的摩天石可谓最佳。摩天石海拔972.8米，是普宁第二高峰。山上的摩天石巨石阵挺拔壮观，顶峰的紫云洞更是闻名遐迩。

从普宁流沙往揭神公路大南山方向而行前往摩天石古庵，沿山路而上，10公里左右便是大门了。大门不远处有一条小瀑布，虽小，水流却很急，从此处开始，过了摩天石景区大门，山路开始变得崎岖蜿蜒，一边是山体，一边是山涧，险象环生。及至摩天石古庵，海拔已是800多米，此时云雾缭绕，或流动，或停驻，干净而朦胧。

摩天石古庵由朱存元师创于清光绪三十四年（1908年）。1936年由普宁里湖的林益华善士复修，1996年重建。如今，古庵坐西南向东北，一厅两厢，总建筑面积约700平方米，分为大雄宝殿、圆通宝殿、会客厅、斋堂。既奉佛像，也供道像，佛道共处。

古庵到顶峰有100余米的高差，徒步顺石梯而上，坡度极陡，及至顶峰，白云朵朵，笼于整个山头，巨石奇秀，形态各异。相传昔时摩天石峰高入云，峰顶有巨石，凡人站在石上，信手能摸天，仙人恐人间泄露天机，便将山踏矮许多，后人站在石上摸不着天而只能望天兴叹，故名望天石，亦称摩天岭。

看奇峰峻岭，观云间晚霞，一路花鸟相伴，如今，大南山摩天石仍以独特的景致和深厚的文化内涵吸引着无数游人前来。

安守一隅的遗存

德安里：府第式古村落

洪阳古镇的中国传统古村落德安里始建于清同治十年（1871年），在潮汕千余年的建筑史上，德安里的历史并不久远，之所以为人称叹，得益于其独特的建筑风格以及全面且丰富的建筑样式。德安里总占地6.3万平方米，建筑面积3.2万平方米，由老寨、中寨、新寨三部分组成，既紧密相连又相互独立，是一座庞大且严谨的古建筑群。

穿过热闹的街市，一座显眼的四柱三门式门楼便伫立在眼前，门额书"德安里"，这便是德安里的正门。两尊颇具年代感的威武石狮立于门楼两侧，据当地人说，这两尊石狮本来在古寨内，后来才搬挪至此。行至开阔平坦的寨前广场，古朴恢宏的古屋排列在湛蓝的天空下，青砖绿瓦蓝天白云，给人强烈的震撼。

面向古寨，右侧为"百鸟朝凰"样式的老寨，左侧则是"驷马拖车"样式的中寨。所谓"百鸟朝凰"是围绕主体建筑大祠堂的房屋，刚好是一百间，取百鸟朝凰之意；而"驷马拖车"由中轴的三进大祠堂和祠堂两侧各纵向并排的两座"四点金"建筑组成，整个建筑格局像是一架由四匹马拉着的车子，故名"驷马拖车"。在老寨和中寨，都有几处敞着门的大院,本是祠堂,现今已成为古玩市场和博物馆。深入火巷内,可看到德安里居民的生活场面,巷中孩童们追逐嬉戏、成人聚众谈天,门口飘出阵阵饭菜香味,好一个烟火人间!

与老寨和中寨相比,孑然而立在寨墙外"驷马拖车"样式的新寨便凄凉许多。走进深巷中,不知名的野草沿着石板缝疯长,两旁是沧桑的老屋,木门上写着寓意吉祥的文字,门楣上尚存着精细的石雕,主祠"承先堂"早已不复原来模样,仅存屋内梁木上精美的木雕昭显往日的辉煌。

不论是"百鸟朝凰"的布局还是"驷马拖车"的设计,都展现了主人显赫的身份,而这座古寨的主人,就是时任广东水师提督的方耀。老寨从1871年开始建造,随着人丁兴旺,其兄弟和子女便在老寨边建造中寨和新寨,总历时二十年。

当年,在参与镇压太平天国的"潮勇"中,以方耀为首的方氏家族是其中的重要力量。方耀,清道光十三年(1833年)生于普宁洪阳镇,行伍出身,以剿太平天国发迹,因骁

德安里是传统古村落,也是清末广东水师提督方耀的府第,图为今德安里大门

勇善战，后官至广东水师提督，《清史稿》中有他的传记，评价为："善战兼谋勇，尤善治盗。"

当年方耀在任广东潮州总兵，办理清乡积案时因铁腕手段治理引起不少民怨。但方耀一介武将，军功卓越，战绩甚丰，且在诸多方面有着独特的建树，如在沿海的虎门、碣石、潮州、南澳等地建筑炮台加强沿海防御能力，更具开拓创新精神的莫过于围垦造田。方耀吸取当地人围垦经验，派遣军队开赴海滨，招募乡民参加围垦。在潮州任总兵的九年时间，方耀还倡建书院，由他督建的书院达数十所，乡校和私塾上百所，建校资金基本由他拨款、捐资或筹资，如今普宁的三都书院、揭阳的蓝天书院等都是方耀督建的。

至今人们对方耀仍是褒贬不一，他的功与过，唯有留给历史去评判。

德安里内部分院落现今已成为古玩市场和博物馆

第四章 普宁

德安里古村落。右侧为"百鸟朝凰"样式的老寨,左侧是"驷马拖车"样式的中寨

普宁文昌阁：林则徐魂归之处

在普宁洪阳镇东北部，毗邻城隍庙，有一座土木结构的建筑——文昌阁。文昌阁本是奉祀文昌帝君之处，保一方文风昌盛，然而普宁文昌阁却不尽然。在普宁文昌阁门前，便能看到墙壁上挂着"林则徐纪念馆"和"禁毒教育基地"的牌匾，一座传统祭祀的建筑，与林则徐有着怎样的关联？又如何变成了禁毒教育基地呢？

普宁文昌阁始建于清康熙六十年（1721年），于同治十一年（1872年）重修，距今已有两百多年。文昌阁自建成后，一直有两个作用：既是奉祀文昌神像之处，又兼作过往官员驻停的"分司公馆"。清道光三十年（1850年）十月，林则徐被任命为钦差大

2006年，普宁文昌阁修复一新，辟为林则徐纪念馆和禁毒教育基地

第四章 普宁

臣,急赴广西镇压正如火如荼的太平天国运动,因抱病赴任,途径普宁时,病情加重,便下榻在普宁文昌阁东厢房。十一月病情加重,于文昌阁内逝世。

自清末以来,普宁文昌阁先后被改用为黄都书院、普宁女子师范、洪阳酱油厂、洪阳镇第三小学校址等。直至2006年,文昌阁才在政府的倡导下修复一新,辟为普宁市林则徐纪念馆和禁毒教育基地,从整体结构上遵循"修旧如故"的理念。从正门走入文昌阁,一楼正厅上"乾坤正气"的牌匾赫然入目,走进中厅,厅堂之上林则徐的铜像庄严挺立,令人敬仰。在文昌阁二进厅中,设立了毒品教育展览,从仿真毒品的展示到吸食毒品的危害的科普,十分详尽。顺着二进厅边的小楼梯上楼,便是后阁楼的林则徐纪念馆。在林则徐当年病逝的东厢房中,陈列着林则徐使用过的一些日常用品、用具和文房四宝等物。

当年,林则徐虎门销烟威震四方,为百姓所称颂。自2006年文昌阁修复之后,来文昌阁拜访的各界人士络绎不绝。

立于文昌阁中厅的林则徐的铜像

在林则徐当年住过的东厢房

城隍庙

城隍是中国宗教文化中祭祀的重要神祇之一,有保境安民的功能。古时有城就会供奉城隍,而且朝廷规定地方官到任三日内就要去拜城隍爷。明嘉靖四十二年(1563年),普宁置县,于当时县衙东北三百多米处建城隍庙,距今已经有四百多年的历史了,1998年被列为普宁市文物保护单位。

如今普宁城隍庙位于洪阳镇东北一隅,经过明、清、近代数次重建与整修,外观与多数潮汕庙宇所差无几。仰头观屋顶,是潮汕建筑中典型的嵌瓷工艺,双龙戏珠的造型栩栩如生。细看庙宇的外墙,置于玻璃罩中的石雕雕刻着"煮酒论英雄""白马坡之战"的英雄故事。走进庙宇内,前厅是三山门结构,大门左右供奉马官,门楼内左右是千

普宁城隍庙自普宁置县时建庙,迄今已经有四百多年

第四章 普宁

普宁城隍庙多次重修，建筑结构保留了明清风格和地方特色

里眼和万里望，正殿中间供奉的便是伯府大人（俗称城隍公）。从正殿出来，便可见仿明代园林式的建筑，石拱桥、放生池，池两边栽种有水杉树，走上石拱桥，可看见一牌匾，上面龙飞凤舞地写着"龙飞八极"的字样。及至后厅，三殿中分别供奉着城隍夫人、十八罗汉和千手观音，以及不显眼处"天地父母"的牌位，充分展现了儒释道合一的思想，这在潮汕诸多庙宇中也都有展现。

从正殿到后厅，这座三厅二天井宫殿式结构的古建筑，穿梭了四百年的尘光。如今，每年农历正月十七，普宁城隍庙都会举办"营城隍公"，也就是"普宁城隍公偕同夫人出游巡城"，巡游队伍中有潮汕特有的大锣鼓队、舞狮、英歌等等，场面极其热闹。

241

普宁学宫

"学宫"一词最早出现在西周,是周天子设立的大学,专门教授国子和贵族子弟的地方。"罢黜百家、独尊儒术"之后,学宫也渐渐成为讲授儒家学说的场所,奉入了孔子等先圣,学宫也因此被称为孔庙。在普宁洪阳古镇西侧,有一座明清建筑风格的大型官方古建筑,落成于明万历三年(1575年),清康熙六十年(1721年)重修,后历代均有修葺,现仍保持古貌,这便是普宁学宫。

明嘉靖四十二年(1563年)普宁置县,置县之初,需建三大标配官方建筑:学宫、县衙和城隍庙。据说在置县之初,由于经费紧张,未建县衙,先建学宫。普宁学宫坐北朝南,背依小丘,前临内城河,横宽29米,纵深78米,总建筑面积2262平方米。1920年普宁学宫曾作为县第一中学校址,而后先后做过乡镇保甲长训练所、普宁一中校舍、洪阳联中校舍、洪阳一小校舍。20世纪末,普宁学宫被用作西村老人活动中心。

今普宁学宫大门

1920年,普宁学官改为县第一中学校址,今棂星门石柱上仍有"普宁县立第一中学"的刻字

由于年久失修，如今的普宁学宫已是杂草丛生，摇摇欲坠。昔日的照壁已被毁坏不见踪迹，作为学宫标配的棂星门也已经被石块堵住。在门上仍可见"普宁县立第一中学"的石刻，棂星门西侧斑驳的墙面上依稀刻着"南山学舍"四字，然而学舍的历史已不可考。走进学宫，原本的大成门早已不知去向，大成门前的泮池也已经被水泥填平，左右两边腾蛟、起凤两牌坊已毁。大成殿前的天井内长满杂草，几棵高树依然蓊郁，偶有几朵小花，细密幽约，平定清和地藏在绿荫深处。大成殿是学宫的主殿，建筑雄伟古朴，为重檐歇山顶结构，本是奉孔子及先圣的地方，现也已荒置。在大成殿后侧的红墙上"太和元气"四字十分醒目，而著名的龙宫石刻已被凿毁。穿过大成殿，便是明伦堂，这里曾是读书、讲学、论道、研究之所，数百年来，培养出了众多博学明理的精英。

　　经历了四百多年的风霜与沉淀，普宁学宫承载着文化昌盛的愿望，静静地矗立在古镇的幽巷中，一砖一瓦、一草一木记载着普宁几百年来的"文化基因"。如今普宁学宫重修已经提上日程，希望学宫早日恢复原貌，焕发新的生命力。

作为学宫标配的棂星门已被堵住，成为墙的一部分

第四章 普宁

｜培风塔｜

普宁洪阳古镇塔脚乡的后坑村，有一座黄色外观的古塔，正门上方的牌匾上写着"培风塔"，这便是"普宁八景"之一的培风塔。塔旁的石碑上记载，培风塔始建于清乾隆年间，是一座镇煞祈福的风水塔，因古时该处属乌犁乡，所以俗称"乌犁塔"，培风塔已被列为广东省文物保护单位。

观培风塔全貌，平面呈八角形，共七层，塔身呈姜黄色，以红砖叠涩出檐，塔顶为三轮仰莲承托生铁铸小葫芦组成，别具特色。走近古塔，从塔基处顺石阶而上，便可见塔座望柱上刻着的一对石雁和一对石狮，造型憨态可人。塔座仅辟一门入塔，石门框上刻门联："七级高擎雄插汉，千峰环拱壮扶舆。"

与一般古塔不同，培风塔是由三合土夯筑，这在国内的古塔建筑中十分罕见。塔内砌有石阶，沿着石阶可登古塔各层，除首层外，每层四面都有窗，相邻各层四窗相互交错，十分美观。相较于其他层，第七层的造型更加精

培风塔始建于清乾隆年间，是一座镇煞祈福的风水塔

美，里面有藻井，外面有走廊，每个角处有一石柱，柱之上以瓦与三合土做成卷草花纹，造型极具古韵。

培风指乘风，取自《庄子·逍遥游》："故九万里则风斯在下矣，而后乃今培风。"站在培风塔上眺望，青山隐隐流水迢迢，南瞰洪阳古镇，北望榕江滔滔，如乘风欲行。走下古塔，抬头仰望，这穿过两百多年时光的老建筑在蓝天白云的映衬下更具风姿。

跨越历史的风尘，这座古塔还有一段革命过往。这里是第一次国内革命战争时期中国共产党领导下的普宁农民运动的活动中心，县农会、农民自卫军基干大队等曾设于此。1926年，彭湃曾代表广东省农民协会抵达普宁慰问农友，在古塔前坡地检阅农民武装，并向农友发表演说。培风塔具有重要的革命历史意义。

培风塔由三合土夯筑，这在国内的古塔建筑中十分罕见

节孝坊是监生王有庠感念母亲守节行孝，上报朝廷后得到朝廷恩准，颁发圣旨敕建

|下尾王村节孝坊|

在普宁南溪镇的下尾王村，有一座清康熙时期奉旨建造的节孝坊，虽历经三百多年的风霜，却依旧挺立。走进下尾王村，在老村址附近的小河边抬眼望去，"节孝坊"三字映入眼帘，沿着小河走过去，穿过古寨门，便可见节孝坊的全貌。

节孝坊，是一座四柱三间垂檐仿庑殿式石牌坊，坊通面宽5.35米，高5.6米。正观牌坊，最上端是镌刻有"圣旨"二字的匾额，两侧有两只栩栩如生的小石狮，匾额的正面刻"节孝坊"，另一面刻着"旌表节孝"，竖刻"康熙四十五年腊月穀旦立"。在匾额的下方，有两条刻着文字的横梁，但是由于时间久远，文字已经模糊不清。据资料记载，匾额下的横梁上刻记着以两广总督郭世隆领衔的各级官员的联名，最下一条横梁则刻记着"杨氏元长之妻、岁进士杨讳耀春之孙、庠生杨讳灼坤之女、宋礼部尚书王讳大宝一十八世孙庠生王讳雷阳之媳、太学生王学庠之母"等文字。

说起节孝坊建造之因，可谓大有渊源。当年自幼丧父的监生王学庠学业有成，感念母亲守节行孝、含辛茹苦抚育他的恩情，遂上报朝廷，请求旌表母亲懿德，后得到了朝廷的褒奖、恩准，颁发圣旨敕建"节孝坊"。"文革"时期，为保护牌坊，当地村民将牌坊拆卸藏存，至改革开放后，将其重新组装，牌坊才能至今保存完好。2015年，下尾王村节孝坊被广东省人民政府批准并公布为第八批广东省文物保护单位。

节孝坊为清康熙四十五年（1706年）建立，背面坊额刻"旌表节孝"

虎头埔古窑址

1982年，在普宁广太镇绵远村虎头埔的山坡上，人们发现了一座古窑群遗址。这座四千年前的古窑，打破了"粤东地区是蛮荒之地"的质疑。据悉，虎头埔遗址是目前国内发现的四千年以前的唯一的大型古窑群遗址，堪称"广东第一窑"，并命名为"虎头埔文化"。2010年虎头埔古窑址被列为省级文物保护单位。

虎头埔古窑址的发现十分偶然。1982年，时任普宁文化普查小组成员的吴雪彬来到普宁广太镇，想要找寻手中古印纹陶片的"前世今生"，当时的虎头埔农场的厂长看到陶片后，便指引吴雪彬来到虎头埔的南坡。在这片人迹罕至的坡地上，吴雪彬看到了许多大大小小的陶片，经验告诉他，这是一个古窑群遗址。

在1982年10月，古窑址经历了首次考古发掘。发掘中发现了15座古陶穴，出土了大量的印纹陶片，完整印纹陶罐3件，窑用鹅卵石7件。2003年，广东省文物研究所对古窑址进行再次考古发掘，共清理了18座古陶穴（含首次发掘的15座），并发现了6座灰坑和1座房址，出土了一批陶器和大量陶片以及3件石锛（bēn）。

沿着山路，树木葳蕤，在一处空旷处的路边有一座石牌，牌上写着：虎头埔古窑址。从路边望过去，只是一处荒凉的黄土地，但顺着山坡往下走，会发觉有许多小陡坡，走到坡下往上看，便可看见大大小小的窑穴，窑口被黄土覆盖着。这座曾经惊艳天下的古窑址看似平淡无奇，但是从这座山坡出土的文物却对粤东文化的研究有着重大意义。

第四章 普宁

虎头埔古窑址是广东省迄今所发现的年代最早、数量最多、结构最清楚的古窑群遗址

盘龙阁

沿着蜿蜒的梅林河,曲曲折折十几里山路,绕过盘龙阁温泉度假村,不远处便可见一个三山门的石牌坊,牌坊上刻着气势磅礴的四个大字:盘龙禅寺。寺庙始建于清光绪年间,历经百年岁月风霜,2002年10月,重新落成开光,成为粤东建筑面积最广阔的庙宇。

盘龙禅寺俗称"盘龙阁",作为粤东十大古刹之一,盘龙阁是闻名国内外的佛教圣地。据保存在盘龙阁的《惠来正堂告示》(梅林曾为惠来县辖地)石碑记载,盘龙阁建成之初的功用是讲堂,用来宣讲清朝官修典籍《圣谕广训》,而后成为道教场所。中华人民共和国成立后,道教活动终止,盘龙阁被用作农民住所。1990年,经广东省宗教事务局批准,盘龙阁开放为佛教活动场所。

盘龙阁有"六山十八景",依山而建,一级一景,分上、下两寺庙,占地4万平方

盘龙禅寺是粤东建筑面积最广阔的庙宇

米，采用宫廷式杉桁石砖水泥琉璃瓦的建筑结构，规模宏大，气势逼人。位于山腰的盘龙阁寺为后来扩建而成，大雄宝殿内供三圣佛、卧佛及十八罗汉，相座威严，栩栩如生。在大雄宝殿周边，分布着观音阁、藏经楼、地藏阁等建筑。

缘山而行，风景秀美，绿树红花，流水潺潺。踏着青山绿水行至山下，在一隅，有一座古朴的潮汕建筑，正面望去，门上清晰刻着"盘龙阁"三字，此处是盘龙阁原址。在古庙前方池塘边的广场上有一座三米高的香炉宝鼎，这座宝鼎是光绪年间普宁涂洋村人捐献的镇宫宝物，炉上铸有"法雨流琼树，慈云护宝幡"等文字。

现今，每年农历七月，盘龙阁都会举行一次盛大的"盂兰盛会"，吸引大量海内外香客，盛况空前。

盘龙阁，供奉玄天上帝

发现城市之美·揭阳

依山傍水世居乐

泥沟村：活的古村

在练江之源、白湖之滨有一座风光秀丽的自然古村，名曰"泥沟"，古称"弥高"，而后因村落沿沟而建，故改名泥沟。泥沟村的历史可追溯到元朝，至今仍保留着数百座潮汕传统民居。村中的建筑布局与风格几百年来未曾有大改变，村民在此生活充满生气，被誉为"活的古村"，2012年入选广东十大最美古村落。

走进古村，所见是整齐划一的传统民居。如今，泥沟村依旧人烟鼎盛，椅子上晒太阳的老人，巷道里嬉笑的孩童，以及厨房内飘出的阵阵饭香，给这座数

位于泥沟村闹市的百岁坊，为清康熙年间所建

张氏是泥沟村人口最多的家族，图为泥沟村张氏人祖祠

泥沟村民居斑驳的木门

百年的古村涂抹了新鲜的生命色彩。村中聚落的民居，以老寨为中心向四周扩建，建筑格局多为潮汕传统的"四点金""下山虎"和院落式的九天井、五壁联格局，在村落内，还有很多下南洋经商者归乡所建的仿西洋式风格的侨宅。

在泥沟村的东侧有一座百岁坊。清朝康熙年间，许氏先祖觉全公享寿一百，申报朝廷，获赐旨"恩荣"褒奖，建造此牌坊。从外观上看，牌坊是一座四柱三间三层的建筑，最上端是康熙皇帝钦赐"恩荣"的牌匾，匾额正面刻着"百岁坊"，另一侧刻录着"昇平人瑞"，匾额下的横梁上刻记着官员的联名。百岁坊在泥沟村闹市之中，亭角处经常有菜农摆摊卖菜，历史的沉淀与如今的繁华水乳交融。

宗祠文化与民间信仰是潮汕文化中的一大特色。在这座古村内，有近百座祠堂、庙宇，遍布村内各个角落。若说工艺之精，时间之久，莫过于南门的张氏祠堂：屋脊上镶嵌着栩栩如生的英雄人物嵌瓷，厅堂横梁上的金漆木雕装饰，造型传神，龛几金碧辉煌，大气庄重；在整个祠堂内外，木雕、石雕、壁画等当地传统的装饰样式，密密麻麻分布在门额、梁柱、屋角、墙沿等各处，精工细作，工艺不俗。

泥沟村有宗祠、庙宇近百座，图为张氏勤祖祠

泥沟村至今仍保留着数百座潮汕传统民居,被誉为"活的古村"

果陇村：全国最大的庄姓村落

果陇村隶属于普宁市燎原镇，建村历史悠久。早在明朝初期，村上有吕、杜、陈、王等姓氏的居民居住。到明嘉靖年间，潮安庄氏举族迁入，逐渐繁衍壮大，其余姓氏便陆续迁出，自此，果陇村便只有庄氏一族，是全国最大的庄氏聚居地。

来到果陇村，无意中看到了立于果陇老人院外的两块状元碑，状元碑上字迹清晰，碑上是明代万历年间状元庄际昌与清代乾隆年间状元庄有恭的手迹。果陇村进士第，为清光绪年间武显将军庄起凤所建，正门上的"进士第"三个大字正是庄起凤所题。走到进士第的大门，旁边便是龙田书屋。正座是将军第，为三进三厅二天井的建筑格局，主座前有一个阔埕，阔埕前的麒麟照壁与左右各四对旗杆夹石，代表着庄起凤、庄镇藩、

果陇村是全国最大的庄氏聚居地，图为果陇村庄氏家庙

第四章 普宁

进士第为清光绪年间武显将军庄起凤所建

庄家荃和庄家龙，一门三代四进士的显赫殊荣。

离着进士第不远，便是果陇村的地头神明——慈悲娘的庙宇，当地人多称之为"娘宫"，在当地有着很深的群众基础，数百年来香火鼎盛。绕过娘宫，鸡笼山下有一座上百年历史的老寨，老寨已破旧不堪，是知名银行家、著名爱国华侨庄世平的故居。

祖心岛是果陇村的中心，俗称寨内，呈长方形，南北走向，四面环水，西面有柴桥、门、西门桥，东面有北门桥、池仔桥与外连接。岛的南侧与光南村老寨相接。因整个岛形状似一艘船，周边又有多条形似船索的小溪相连，故素有"船地"的说法。祖心岛上有众多祖祠与公室，从西门进入寨内往南行，可见到榜祖祠、就祖祠、宜祖祠、勋祖公室、太祖祠等；寨内东侧自南往北分别有庄氏荣祖祠、庄氏家庙、庄氏窑祖祠等。其中大多数祠堂建于清朝时期，近年重修。此外寨内还有众多庙宇。

果陇村有着深厚的人文底蕴、规模庞大的古建筑群，以及协裕批馆、药铺巷、驿道古桥、状元碑、旗杆夹等多处文物古迹，2016年，入选广东省古村落。

果陇村北有练江环绕，村内溪流纵横交错，最初因有练江白坑湖叫做渔湖塘口，后改名为果陇

碗仔村：盐岭古道的见证

经过弯弯绕绕的十几公里山路，在距离普宁市区二十多公里的深山之中，有一座村落。村中错落有致的石头古屋、曲折悠长的石砌巷道、潺潺的小溪、清幽的环境，大有超凡脱尘的意味，这就是"碗仔村"。说到"碗仔"二字的由来，当地的老人说，因村前有一长若案几的山丘，所以得名"案仔"，后来又因村四面环山，呈凹形，状似碗，所以谐音"碗仔"。

如今，碗仔村村民基本都在老寨附近建起了新房，老寨除了几处农家乐，基本无人居住。走在老寨的山路中，穿过曲折悠长的石砌巷道，便可看到巷道两侧残破不堪的古民居，不仅建筑格局不同于传统潮汕民居，连建筑材料也不同于潮汕建筑。由于山地的地形限制，碗仔村的民居多为单进深联排房屋，建筑材料则是靠山取材，用石块直接垒起建成，双坡屋顶是圆木搭接的梁檩结构，上覆瓦片，瓦片用小石头或者黏结材料来固定。石屋因长期无人居住，年久失修，上面爬满了青藤与牵牛花，一眼望去，犹如童话故事中的小屋，古朴而神秘。

碗仔村是一个以马姓为主的山区村落，源于陕西扶风马氏。村落建于 16 世纪，历史悠久。建立最初是一座客家特色的村落，经过数百年的发展与融合，如今的碗仔村村民则操着一口流利的潮汕话。在村内有一座保存完好的古石板桥，曾走过无数挑盐的苦工，是盐岭古道的一部分。

历史悠久的碗仔村，还是革命老区。东江纵队曾在村鲈鳗洞地带组织反"围剿"伏击战，如今从村内鲈鳗桥沿盐岭径至普惠交界的盐岭亭，有革命烈士翁千亲手钎打的"巩固苏维埃政权"等十条石刻标语，现为省级文物保护单位。

第四章 普宁

碗仔村老民居因长期无人居住，年久失修，爬满了青藤与牵牛花，跨村而过的盐岭古道也已鲜少人踏足

革命的丰碑

| 浩气忠烈杨石魂 |

普宁南溪镇钟堂村仁厚里的武略第是革命烈士杨石魂的故居，是广东省文物保护单位，也是普宁市及揭阳市爱国主义教育基地，里面布设展览了杨石魂及其家族为革命事业献身的相关史料和照片。走进武略第，杨石魂短暂却英勇壮烈的一生仿佛展现在眼前。

杨石魂，本名杨秉强，字昌义，1902年出生于普宁南溪镇钟堂村仁厚里，15岁于揭阳榕江中学就读，常阅读《新青年》《每周评论》等刊物。1919年，"五四"运动消息传到揭阳，他与同学林希孟等组织榕江中学学生会，带领学生走上街头宣传，先后被选为揭阳县学生会、岭东学联主席。

1923年11月，杨石魂在广州铁路学校读书期间参加中国社会主义青年团；1924年10月被选为团粤区执委；1925年2月转为中共党员，任共青团汕头特别支部书记、汕头总工会筹委会主席。1925年3月，中共汕头特别支部成立，杨石魂为首任书记。11月，国民革命军第二次东征收复汕头，任中共汕头地委委员、工人运动委员会书记。他组织起人力车工会和建筑业工会，直接领导建筑工人和铁路工人为增加工资进行罢工斗争。

第四章 普宁

1926年12月11日，到揭阳县指导工人运动，被当地劣绅绑架，经营救获释。

1927年，蒋介石发动"四一二"反革命政变，国民党军队包围汕头总工会。杨石魂在建筑工人掩护下离开汕头，参加普宁"四二三"农民武装暴动，攻打普宁县城（洪阳），并在大坝九江村成立普宁县临时人民政府。暴动失败后，与吴振民率领的海丰农民军在陆丰新田汇合，进行整编，成立700多人的惠潮梅农工救党军，任党代表，后任中共汕头市委书记。同年9月23日，"八一"南昌起义军进入潮汕地区，杨石魂率领东江工农自卫军协助起义军作战、维持秩序、建立革命政权。随后，起义军撤至流沙。10月3日，起义军前敌委员会书记周恩来会同贺龙、叶挺在流沙基督教堂举行军事决策会议，杨石魂在平湖读书楼与恽代英、李立三等部署护送领导人撤离战区工作。当天起义军主力在钟潭村莲花山被国民党军陈济棠部截击，起义军队伍失散。杨石魂掩护周恩来、叶挺、聂荣臻等撤出战区，到马栅村黄伟卿家隐蔽，接着护送他们前往香港，找到在香港的中共广东省委。

1928年初，杨石魂到广东南路领导武装斗争；9月，任中共北江特委书记；12月6日，在中共广东省委扩大会议上，当选为省委常委，任省委宣传部主任。1929年元旦赴上海，奉党中央命令，到武汉参与重建中共湖北省委工作，任中共湖北省委常委兼秘书长。同年4月，湖北省委机关遭到破坏，杨石魂在办公室工作时被捕，后壮烈牺牲，时年27岁。

杨石魂故居武略第，潮汕传统的"四点金"建筑格局，被列为广东省文物保护单位。现为揭阳市爱国主义教育基地

方方（1904—1971 年）

| 革命家方方 |

在普宁洪阳文化广场，有一座方方纪念馆，是普宁革命传统教育和爱国主义教育基地。该馆是为纪念我国新民主主义革命运动的先驱、老一辈无产阶级革命家、国家侨务事业领导人方方而建。

方方，原名方思琼，1904 年 6 月出生于广东普宁洪阳镇西村。1919 年，方方受"五四"运动影响，投身学生爱国运动，任普宁县学生会会长；1924 年考入广州第二届农民运动讲习所学习；1925 年加入共青团，担任共青团普宁支部书记，翌年转为中共党员，在潮安县参与领导工人运动，并组织工农武装，反抗国民党的打压。

土地革命战争时期，方方参与建立东江革命根据地和东江红军工作，历任中共普宁县委书记、汕头市委书记、潮阳县工农革命委员会党团书记、闽粤赣边省委职工委书记、汀连县委书记、上杭中心县委书记兼杭永岩游击纵队政委、福建省委常委兼宣传部长和武装部长、代理福建省委书记等职。在闽粤赣边区参加领导建设苏区、扩大红军和反"围剿"的斗争。红军长征后，他留在闽西南与张鼎丞、邓子恢、谭震林同志一起领导了艰苦卓绝的三年游击战争。

抗日战争时期，他先后担任中共闽粤赣边省委书记、中共南方工委书记，贯彻执行抗日民族统一战线的方针，领导闽粤桂一带建立抗日根据地和人民武装，开展抗日游击战，积极发展、广泛争取一切可以团结的力量投入抗日战争。

解放战争时期，他任中共中央香港分局、华南分局书记，坚决执行党中央指示，发展华南地区的党组织和人民游击战争，促进爱国民主统一战线的巩固和扩大，配合解放军主力南下解放华南地区。

中华人民共和国成立后，方方任中共中央华南分局第三书记和广东省人民政府第一副主席，协助叶剑英工作，领导广东省的革命和建设，在建立和巩固人民政权，恢复和发展国民经济以及领导广东土地改革运动等方面，做了大量工作。1955年，他调任中华人民共和国侨务委员会党组书记、副主任，中共中央统战部副部长、全国侨联副主席等职。他是党的七大、八大代表，全国第一、二、三届人大代表，第一、二、三、四届全国政协委员。"文化大革命"中，他遭受残酷迫害，于1971年9月21日含冤去世。

十一届三中全会后，党中央为方方平反昭雪，并对其一生做出全面正确的评价。1994年，党中央宣布否定20世纪50年代初期对方方所谓"土改右倾""地方主义""官僚主义、分散主义"的批判，撤销原处分，为方方彻底恢复政治名誉。

方方纪念馆，位于普宁洪阳文化广场

一代侨领庄世平

普宁市果陇村，是揭阳市著名的侨乡之一，也是全国庄氏最大的村落。在这人杰地灵的古村，诞生了一位爱国侨领——庄世平。

1911年，庄世平出生于果陇村的书香门第，从中学时期开始于汕头、厦门、上海、北平等多地求学。1930年至1933年在北平中国大学经济系学习期间，他已积极投身于抗日救亡运动之中。1934年至1941年，庄世平旅居泰国，历任新民学校副校长、泰国各界华侨抗日联合会负责人等职，其间多次发动社会捐款支持国内革命战争，并动员爱国青年回国参加抗战。抗日战争时期，他回国从事经济工作，四处奔波，联络华侨和爱国人士，历尽艰辛为国内抗日根据地提供抗战物资，为抗日战争的胜利作出了重要的贡献。

1949年，庄世平正式创办南洋商业银行，第二年创办澳门南通银行。南洋商业银行代表着庄世平的坚定立场，是第一个在香港升起五星红旗的机构。至1986年退休，庄世平一直任南洋商业银行董事长。他还积极参与深圳经济特区一些政策法规的制订，为香港回归后的经济模式提供了参考。庄世平以自身审时度势的眼光和对经济、金融的广博知识，在香港渐渐拥有了巨大的影响力。他还热心公益事业，成立香港基金会，解决了创办汕头大学时资金缺乏的问题。

2007年，庄世平在香港去世，享年97岁。作为著名社会活动家，侨界爱国领袖，香港知名银行家，第二、三、四、五、六届全国人大代表，第七、八、九届全国政协常委，如此赫赫有名的庄世平，却是一位平凡朴素的人，他逝世后把所有资产无偿捐献给祖国，自己的儿女也过着自食其力的普通人生活。当时国学大师饶宗颐为其亲题挽联"一老功勋邦国重，万人追仰惠泽深"，如此无私奉献，实在令人敬佩。

第四章 普宁

汕头华侨公园内的庄世平雕像

非遗探秘

贵政山茶叶陶罐制作技艺

贵政山茶叶陶罐一直享有"瓦缶胜金玉"的美誉,由于储茶效果极佳,至今名动潮汕,让诸多爱茶人为得一罐而不辞路远辗转寻觅。

相传清朝末年,离乡三十多年的贵政山村人纪国宏返归故里时,惊喜地发现他当年临走前存放在陶罐中的3斤劣茶,历经三十多年的时光,茶叶不但没有变质反而茶香更浓。而装茶叶的陶罐正是贵政山茶叶陶罐。

贵政山茶叶陶罐具有防霉防潮的作用,其良好的储存功能取决于制作茶罐的原料和工艺。首先原材料的选用十分讲究,取材于南山及莲花山的优质黏土,须深挖2米左右取土,晒干后下水,成浆过筛。陶罐的制作过程十分复杂,一般制作一个陶罐需要将近四十天的时间,历经选土、练泥、注浆、上釉、配画、烧制、打磨七个阶段四十二道程序。陶罐的造型统一,罐身都是上宽下细,罐身绘有山水或花草等图案并写着"贵政山"三个字;但有大小不同的规格,装1公斤到20公斤茶叶不等。陶罐盖设计有凹槽,盖上后与罐口完美契合,避免空气进入,有更好的密封性。

发现城市之美·揭阳

贵政山茶叶陶罐具有防霉防潮的作用，对茶叶有良好的储存功能

说到贵政山茶叶陶罐的制作，最具看点也最考验师傅技艺的莫过于拉坯。将陶泥置于拉坯机上，一点点倒水，拉坯师傅一边用手护着泥土，一边双目紧盯拉坯机。随着机器的转动，师傅轻捻手指，借机器旋转之力，泥坯像一个跳跃变幻的精灵，时而肥矮，时而高瘦，大概几分钟的工夫，一个匀称的茶叶罐坯就成型了。

2009 年，贵政山茶叶陶罐制作技艺被列入广东省第三批非物质文化遗产名录。传承人纪文民从艺四十多年，经历了 20 世纪 60 年代、80 年代这两个茶叶陶罐鼎盛的黄金时期，也亲历过 90 年代后沉寂的十年。纪文民博采众长，在他的推动下，贵政山茶叶陶罐从用柴草烧制的龙窑改为用煤气烧制的气窑，彩釉套色更加完善。纪夏艺作为贵政山茶叶陶罐制作技艺的第九代传承人，已从其父纪文民手中接过衣钵，并开启了贵政山茶叶陶罐精工细画的新局面。

第四章 普宁

客人购买茶叶陶罐后亲自给陶罐上画

贵政山茶叶陶罐造型均是上宽下细,罐身绘有山水或花草等图案并写着"贵政山"三个字

制作老香橼有着一套精细的方法，从青果的腌制、漂洗到浸糖和煮制，每一个环节都需精工细作。腌制和浸糖过程中，盐与糖的浓度要严格把控，漂洗环节也要根据天气的冷热不断调节浸泡时间，煮制中火候的掌握十分重要，不能太硬也不能太烂，一丝一毫都马虎不得。最后的配料与包装，则多看市场需求，按照客户的口味和审美而定。

如今普宁老香橼的制作多是家庭作坊的生产模式，代代相传。普宁里湖镇的林盖光，年逾古稀，是老香橼制作技艺的省级非物质文化遗产传承人。林盖光的祖父林锣是一名小糖商，因生意往来，与老香橼的发明者林奇记十分要好，并向林奇记学习了老香橼的制作，又将手艺传给了林盖光的父亲。1979年，林盖光因工作调动回普宁果子厂工作，他综合了父亲的手艺以及厂子工人的经验，以所学的食品化学作为理论，对配方进行了科学化的调整，并将老香橼的制作技艺存于文字。现今，其子林佐坝和林佑坝承父业，传承老香橼制作技艺。

佛手老香橼制作技艺

凉果指将各种瓜果经腌制、糖（蜜）熬煮式浸渍、干燥后制成的产品。里湖镇盛产瓜果，是普宁有名的"果乡"，有着悠久的凉果制作历史。将瓜果制成凉果是为了更好地储存，"留原瓜之味而更甜香，保原果之形而更精美"。普宁有凉果企业一百多家，是著名的"凉果城"。而在众多凉果品类中，佛手老香橼一直被认为是凉果中的珍品，其因独特的风味与宽气理中的功效被誉为"中国一绝"。

佛手柑，又称佛手香橼，具有药用价值。自明代以来，潮汕乡民就懂得以其为主要原料来制作佛手老香橼。老香橼色泽油亮漆黑，有的呈膏状，有的呈固体状，带有浓浓的佛手柑香气。食用时，用勺子舀出来泡水即可，味道有酸有咸。老香橼的年份越久，香气越浓，药用价值也越高。

佛手老香橼具有消食开胃、消痰止咳等多种功效，被认为是凉果中的珍品

第四章 普宁

佛手柑,又称佛手香橼,具有药用价值

普宁豆酱制作技艺

舌尖上的普宁,总是离不开"豆",盛名在外的除了普宁豆干,还有一味,便是普宁豆酱。虽非佳肴,却成就了许多佳肴,在粤菜和潮菜中,普宁豆酱都是必不可少的佐料,鲜香提味。在潮汕,普宁豆酱久负盛名,民间流传的《潮汕特产歌》中就有这样的说法:"普宁出名好豆酱,新亨出名老菜脯。"普宁豆酱的名气可见一斑。

普宁豆酱有着悠久的历史,制作技艺源自中原,在传承中,又加入了地域特色,形成了独特的豆酱制作技艺。在很早以前,普宁先民就有自行酿制豆酱的传统,佐以调味,其中洪阳一带的生产技艺最好。到明代中期,普宁置县之后,人们便把豆酱加上"普宁"两字,称"普宁豆酱"。据《普宁县志》《普宁洪阳供销志》记载,清代中后期,普宁豆酱打破了家庭自食自用的生产模式,开始了大规模的生产,在普宁洪阳镇先后建起数家豆酱厂,到民国时期,已经有数十家豆酱厂。如今在普宁洪阳镇仍然有许多豆酱厂,

普宁松兴酱油厂仍坚守传统制作豆酱的方法

第四章 普宁

为人们提供着优质的豆酱。

2009年，普宁豆酱被列入广东省非物质文化遗产名录。作为普宁豆酱的代表性传承人，普宁松兴酱油厂厂长郑楷松和他的子女们坚守传统，与时俱进，在制作普宁豆酱的过程中，不断创新，使之更适合现代人的口味。

好的豆酱，自然需要好的原料，普宁松兴酱油厂制作的普宁豆酱选用东北优质黄豆，颗颗严选，大小相近。用机器打掉黄豆皮，并将黄豆分为两瓣，细嗅，可闻见豆香，再将豆瓣上蒸锅蒸煮1个多小时，这时候的豆香更加浓郁。之后便是将蒸熟的豆瓣放凉加入面粉和食用菌种发酵，4至5天后，便可加入适量的盐水，装桶晾晒。根据不同的季节，晾晒的时间也有所不同，一般冬天需2到3个月，夏天则1至2个月即可。豆酱的制作过程看似简单，实则十分考验师傅的技艺，尤其盐、水、豆三者的比例，师傅需根据不同的季节、不同的天气，凭借自己的经验配比，十分不易。

如今，普宁豆酱依旧活跃在潮汕人的餐桌上，轻轻挖上一勺，色泽金黄的豆酱颗颗饱满，或炒菜烹鱼，或佐餐蘸取，口味鲜香独特。许多旅居在外的潮汕人，每至返程时都会带上几瓶，回味家乡的味道。

普宁豆酱选用东北优质黄豆，制作前须先用机器将黄豆分为两瓣

正在发酵中的普宁豆酱

普宁豆酱是众多潮汕传统名菜的主要调料，也是潮菜筵席上常用的酱碟

丝弦音乐是广东汉乐较为普遍的演奏形式，扬琴是其中一种重要的乐器

广东汉乐

在普宁洪阳镇德安里，小巷的一隅，几位老者手持不同的乐器在演奏，提胡、扬琴、琵琶、笛子、椰胡等，丝竹之声，清雅至极。来往人群，或侧耳倾听，或驻足观赏，老者们丝毫不受往来人群影响，置身于音乐之中，十分陶醉。经当地人介绍，这几位老者来自洪阳镇的钧天乐社，他们所演奏的音乐为广东汉乐。

广东汉乐源于中州音乐，在原中州音乐的二黄、西皮、大板等板式的基础上，吸收潮乐、昆曲、板子戏、潮州小调的优点，逐渐形成了独具潮汕特色的广东汉乐。广东汉乐保留很多古腔古调，又兼具地方特色，具有重要的历史价值。2009 年，普宁广东汉乐被列入广东省第三批非物质文化遗产名录。

湖北汉剧流入广东的首个落脚点便是普宁。广东汉乐在清康熙到光绪年间最为兴盛，这一时期的广东汉乐与汉剧互为促进，既奏汉乐又兼唱皮黄，当时的普宁，光是外江班就多达六班。广东水师提督方耀之妻林夫人还自己创办两台外江戏，普宁城内更是唱汉曲成风，成立很多汉乐社。

早些年，普宁地区的游神赛会请汉乐班子前去助兴，其表演形式多以广东汉乐中的中军班音乐为主，多为民间吹打仪仗音乐。有时不同的乐班相遇，还会停下来对台竞技，十分热闹。演奏时，以头弦或提胡领奏，配以扬琴、笛子、三弦、琵琶等乐器，悠扬动听、清新悦耳。

钧天乐社的社长、普宁广东汉乐的传承人方少澄传承汉乐有四十多年的时光。他大概在 15 岁时便跟随老艺人学习乐器，多年间辗转各地，学习了扬琴、琵琶、古筝、三弦等各种乐器的演奏。如今在潮剧、潮乐等多种表演形式的冲击下，广东汉乐式微。钧天乐社每年都会开设学习汉乐演奏的课程，招收学员，为传承传统的广东汉乐培养后备力量。

舌尖上的普宁

普宁豆干

在中华美食中,豆腐一直都是重要的食材,麻婆豆腐、臭豆腐、酿豆腐、毛豆腐……豆腐以各种形式出现在人们的餐桌上。在潮汕地区,普宁豆干可谓是远近闻名,是潮汕人食谱中不可或缺的舌尖一味,高档的酒店、普通的潮菜馆、街边的小摊位,都可见普宁豆干的身影。

与许多传统美食一样,普宁豆干也有着传奇的身世。相传元朝末年,陈友谅被朱元璋打败,其军师何野云流落到普宁,发明了普宁豆干。何野云精通地理,他根据普宁的水土特点,教光南村村民

炸豆干是普宁豆干最为普遍的做法

第四章 普宁

普宁豆干是潮汕人食谱中不可或缺的传统美食

制作豆干技艺，从此这项技艺便一直传承至今。

普宁豆干的制作十分考究，自古便有"一粉二豆三师傅"的说法。"一粉"是指制作普宁豆干时需按比例加入薯粉。薯粉的质量十分关键，使用前都需用筛子过滤。"二豆"是指豆干的主要材料——黄豆。有了上好的豆还要配上好的水，普宁周边山地是莲花山向东南延伸的支脉，水质寒凉清冽，是做好豆干的重要条件。

所谓"卤水点豆腐，一物降一物"，"点卤"便是豆干制作的关键。除了盐卤配比、投放时间，点卤师傅需凭经验和感觉掌握温度、黏度的变化，做出相应的调整。正宗的光南豆干每一块中间皆有一个内凹方形小印，以此象征官印，寓意升官发财。

在普宁，豆干有煎、焗、炸三种做法，其中以炸豆干最为普遍。将整块豆干放入滚烫的油锅中炸开，豆干一入锅，便开始冒泡，滋滋作响，片刻便可捞起。将其切成小块，皮赤而酥脆，肉白而滑嫩，再用盐水加韭菜当佐料提味，十分可口。

一方小小的豆干，从浸泡黄豆到煮熟晾凉，需要忙碌五六个小时，吊一盏夜灯，起早贪黑，数十年如一日，这就是我们敬佩的匠人精神。

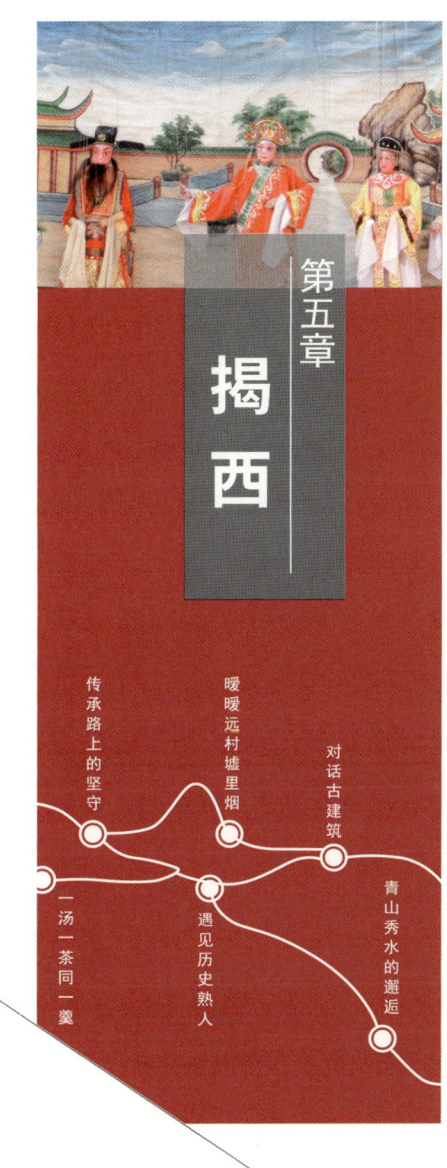

第五章

揭西

- 传承路上的坚守
- 暖暖远村墟里烟
- 对话古建筑
- 一汤一茶同一羹
- 遇见历史熟人
- 青山秀水的邂逅

揭西：粤东后花园

揭西，地处粤东潮汕平原，榕江南河中上游，因位于揭阳市西部而得名。揭西旧称霖田都，为揭阳县九都之一，历史悠久，底蕴深厚。

潮汕人与客家人在揭西几乎各占一半，千百年来相融相通，和谐共处，孕育了独树一帜的潮客风情和"半山客"文化。揭西西北部多为客家人居住地，客家红酒、客家擂茶、提线木偶戏等饮食、民俗文化极具客家特色。发源于河婆镇的山神"三山国王"肇迹于隋朝，至元代已是"潮之三邑，梅、惠二州，在在有祠"了。如今，三山国王信仰甚至漂洋过海，衍生的分庙遍布东南亚和港台地区。

不同的地理环境孕育不同的文化，揭西北边群山环绕，南边则有榕江南河穿梭蜿蜒，棉湖镇、钱坑镇、大溪镇、井美村、东园镇、月湄村等都是与水相伴相生。千年古镇棉湖，建置比揭阳县还早，由于水路发达，商贸繁荣，是潮汕重要的商埠。棉湖人文兴盛，从中走出了曾习经、卓兴等杰出人物。棉湖堪称揭西地区的"小江南"，打铁街作坊群、郭氏大夫第、兴道书院等，都是古镇繁荣历史的见证。

揭西有层峦叠嶂的群山，这里曾发生过数次激烈的战争。在两次东征期间，东征军在揭西地区与陈炯明军队正面交锋，发生了棉湖战役和河婆战役，其中棉湖战役是历史上少有的以少胜多的战役。此外，大北山革命区是古大存、彭湃等革命先辈传播革命星火的地方。

深山藏美景，巍巍大北山中有着揭西最美自然景观。京明度假村的湖光山色，令人心旷神怡；"岭东第一瀑"黄满磜瀑布，五级飞瀑落差300米，訇然奔泻，气撼山岳。揭西不仅有独特的潮客文化、红色革命文化，生态、美景更是远近闻名，有着"粤东后花园"之称。

揭西县城河婆风貌

青山秀水的邂逅

黄满磜：岭东第一瀑

有一种水，它不像湖水般平静恬淡、水波不兴，更不似江流的蜿蜒迂回、波澜壮阔，它是野性的、奔放的、欢快的，那就是瀑布。瀑布是大自然对人类的馈赠，那悬崖上的纵身一跃，成就如诗如画的自然景观。在粤东地区，若想观赏瀑布，最美不过黄满磜。

黄满磜瀑布位于揭西京溪园镇粗坑村，有"岭东第一瀑"之称。瀑布从上至下分为五级，镶嵌在深山峡谷中，宛如世外桃源。从景区大门沿着山路向前，伴随的清澈河流初时还算平缓，随着山

黄满磜瀑布有"岭东第一瀑"之称

第五章 揭西

黄满磜瀑布群景区大门

势走高，河流变得湍急，在乱石落差间形成一道道瀑流。再往上走，转过几个弯，出现的景色让人眼前一亮，只见一道瀑布穿木桥而过，从山崖倾泻下来，落入潭中，激起水花一片，在阳光下闪烁着光芒，似万颗珍珠掉落在斗里，因此得名斗方崆瀑布。斗方崆瀑布是第五级小瀑布，再往前就是三叠谷瀑布了。

三叠谷瀑布是由三个错角相连的瀑布组成，上级如银河倒悬，奔腾而下；中级经过斜坡，气势稍缓；下级如碎玉推冰。三级瀑布一波三折，摇曳多姿，自高山而下，激起一片朦胧水雾，水声

三叠谷瀑布由三个错角相连的瀑布组成

之大，隔山可闻，似激昂欢快的交响曲在山谷久久回响。沿着栈道向上走，不过十余分钟，便见到落九天瀑布。落九天瀑布落差极大，水流较窄，似银河倒泻、巨练悬天，果真是"飞流直下三千尺，疑是银河落九天"。落九天瀑布之上是落差较小、像繁星洒落人间的银河崆瀑布，不同于只可远观的落九天瀑布，这里可以跟清澈的水流来个亲密接触，掬一捧凉快山泉水洗把脸，之前登山的疲惫和燥热都消失殆尽。

从银河崆瀑布再往上，栈道变得陡而窄，几度峰回路转后山路骤然趋平，前方一幕水帘悬挂在山崖间，这便是黄满磜瀑布群中第一级的飞虹瀑布。本以为冬天的瀑布会不尽如人意，黄满磜瀑布却一点也没有让人失望。虽然不如夏季汛期时以排山倒海之势、雷霆万钧之力气撼山岳，但那倾泻而下的水帘，气势磅礴之余似乎又带着几分温婉，如白练悬挂在山崖之间。这如诗如画的景致，让人联想起"花果山福地，水帘洞洞天"。瀑布下是一方平潭，垂直而下的水流在潭水中激起的水雾弥漫了整个山谷，每逢太阳升至半空，会出现彩虹，飞虹瀑布因此得名。

上游是一个大水库，正因为有了水库水流奋不顾身从悬崖飞跃，才成就了黄满磜瀑布群的奇观。而这些瀑布逐级而上，似是大自然的刻意安排，每当攀登乏累，总有一方瀑布跃入眼帘，带给你新的观感和惊喜，犹如绝境逢生，仿佛想要告诉你：不要放弃，再坚持一下就能看到更美丽的风景。

第五章 揭西

飞虹瀑布是黄满磜瀑布群中第一级瀑布

对话古建筑

三山祖庙：三山国王文化的发祥地

三山祖庙，又称三山国王庙、明贶庙、霖田祖庙等，位于揭西县河婆镇西部庙角村，是三山国王文化的发祥地。

旧时，揭西河婆一带为霖田都，境内有巾山、明山和独山。据元代刘希孟所撰的《明贶庙记》所述，三山国王最早"肇迹于隋"。相传隋朝时期，巾山石穴出了三位神人，自称是三兄弟，受命于天，分镇三山，托灵于玉峰山界石。世人在巾山之麓，建祠合祭三位山神，不管天灾疾病，有祷必应。《明贶庙记》还记载了在宋朝开基南讨北征时，三山神曾两度显灵，于是宋太宗诏封明山神为清化威德报国王、巾山神为助政明肃宁国王、独山神为惠威宏应丰国王，赐庙额"明贶"。宋仁宗时，又加封"广灵"二字，成为"广灵明贶庙"。

隋唐时期的三山祖庙如今已无法查考，相传宋代善士修建祖庙于玉峰东麓之下，即在今祖庙的右侧偏后，规模较小，背靠玉峰山。清康熙二十二年（1683年），三山祖庙进行了较大规模的重建、扩建，庙址向山下移动了一些，庙门正对明山主峰，扩建为三

第五章 揭西

位于揭西县河婆镇西部庙角村的三山祖庙，是三山国王文化的发祥地

进三开间格局。20世纪50年代，三山祖庙遭到破坏，仅剩残垣断壁。80年代，在原址上按原貌修复，为清代的殿宇式木构架建筑风格。三山祖庙内主殿祀三山国王神，后殿主祀三位王爷夫人，配祀天后圣母和送子观音，门殿、偏殿、两庑配祀诸神共六十余尊，体现了当地多神信仰的文化习俗。

三山祖庙独特的三山国王祭典习俗，被列入广东省非物质文化遗产名录。三山国王祭典分为常规祭典和"猪羊祭"，两种祭典的祭拜仪式大体相同。常规祭典一般在每年农历二月二十四日的"国王诞辰"举行，但"猪羊祭"规模大、

北宋时期，宋太宗诏封明山神为清化威德报国王、巾山神为助政明肃宁国王、独山神为惠威宏应丰国王

20世纪80年代重修三山祖庙,为清代的殿庑式木构架建筑风格

级别高、程序繁多、时间长,是"三山国王"最高祭祀典礼,要好几年才举行一次,多为大型进香团择吉日予以祭典。

祭典在鸣炮、敲钟、击鼓中开始,信众盛装就位。先由庙祝请神,神像升殿后,供品均按礼制摆放。然后是信众进香,恭诵祭文,全体向三山诸神鞠躬行礼。接着是献礼仪式,献礼分为献花礼、献茶、献酒、献牲、献五谷和献金。最后信众皆拜并叩谢神恩,焚烧祝帛,礼成。

三山国王信仰寄托着人们对国泰民安、风调雨顺、安居乐业的美好祝愿。早在元代就已经是"潮之三邑,梅、惠二州,在在有祠"了。如今三山国王及其信仰不仅根植于潮汕民众心中,其香火早已随移民遍布海内外,在闽、粤、台及东南亚等地都有着广泛的影响力。

图为三山祖庙前的香炉塔

发现城市之美·揭阳

郭氏大夫第是清雍乾年间的"潮汕糖业大王"郭来的府邸

郭氏大夫第：潮汕"乔家大院"

南门社区位于"千年古镇"棉湖镇区东南侧，这里傍水临湖，水路发达，商业经济的繁荣，和棉湖一体成为潮汕地区的重要商埠，再加上人文教育兴盛，堪称揭西地区的"小江南"。

南门社区经济繁荣，人文荟萃，创造了丰富的人文遗产，有郭氏大夫第、林景拔翰林第等达官贵人的府邸，有永昌古庙、玄帝古庙等承载民间信仰的众多庙宇，还有书院、各姓氏祠堂、民居等共同组成庞大的古建筑群落。其中，以郭氏大夫第最为雄伟壮观，有"潮汕乔家大院"之称。

郭氏大夫第是"潮汕糖业大王"郭来所建。清朝时期，粤东大兴蔗糖业，棉湖水路交通便利，周围农村大面积种植甘蔗，糖业较为发达。出身贫寒的郭来很有生意头脑，他看好蔗糖业的前景，并投身其中，逐渐将生意做大。郭来从附近农村的土糖寮收购蔗

郭氏大夫第的后楼是带湖书斋,楼上正厅"去天尺五"匾是清朝监察御史邱玖华的手笔

汁，然后再在糖水灶中进行加工，制成砂糖出售。由于善于经营，郭来的事业沿水路北上，发展到苏杭、京津一带，还拥有自己的船队，成为整个潮汕地区最大的糖商。

郭来发家致富之后，于清雍正十一年（1733年）开始着手建造郭氏大楼，历时十四年，竣工于乾隆十一年（1746年）。郭氏大楼采用潮汕民居建筑的"百鸟朝凤"格局，四条火巷，五进院落，模仿宫殿形式，楼内雕梁画栋，斗拱交错，构筑精美。整座建筑共九十九间房，后来为了补齐一百间，在后院右侧的井下建成一间房，号称"井下陋室"。相传因当时商人地位低，郭氏大楼建成后，引来争议，后来经教书先生邱玖华指点，郭来在后楼供奉郭氏先祖、唐代汾阳王郭子仪神位，并捐纳"青州刺史"官衔，在大门匾额题"大夫第"，才得以平息风波。

带湖书斋是郭氏私塾，清朝监察御史邱玖华曾经在这里执教

第五章 揭西

郭氏大夫第采用"百鸟朝凰"格局，有"潮汕乔家大院"之称

　　走进郭氏大夫第，最为惊艳的是后楼。两层式建筑恢宏典雅，飞檐凌空，二层楼前有长廊，可凭栏远眺，一览湖光山色。楼下设带湖书斋，是郭氏私塾，清朝监察御史邱玖华曾经在这里执教。据郭氏后人介绍，当时郭来非常欣赏邱玖华，还资助他上京赴考，得中进士。如今带湖书斋门联"五六月间无暑气，二三更后有书声"，及楼上正厅"去天尺五"匾，都是邱玖华的手笔。

　　一代糖业大亨的事迹在历史的车轮中逐渐远去，而郭氏大楼却在历经了近三百年的风雨磨砺后，依然保持着最初的风貌，带着潮汕地区独特的文化韵味，吸引着越来越多的人前来一睹风采。

打铁街作坊群

棉湖是一个千年古镇，早在北宋时期就已经商贸繁荣，手工业发达。到了清朝，全镇以行业命名的街道有二十多条，打铁街就是其中一条。打铁街作坊群形成于明代，直到 20 世纪 50 年代一直是揭阳西部广大地区五金制品的交易中心。如今，虽然打铁的手工艺逐渐式微，但棉湖打铁街仍经营着近百间铁器商铺，古风犹存。

打铁街位于棉湖老街区解放路北侧，全长 142 米，整条街道弯曲而狭窄，宽处 2 米有余，窄处不足 1 米。街道两边是古朴老旧的楼阁，从中仍可窥见明清商业街道的风貌。各商铺摆卖五金制品，有农具犁、耙、锄、镐、镰等等，也有菜刀、锅铲、剪刀、刨刀这一类日常生活所用器具，商品琳琅满目。据说凡是在大都市买不到的铁器，这里均可买到。商店前面摆卖产品，后面是打铁作坊，楼上住人，这种明、清时期典型的手工业

棉湖打铁街商品琳琅满目，据说凡是在大都市买不到的铁器，这里均可买到

棉湖打铁街有近百间铁器商铺在经营

作坊，集商店、作坊、住居于一体。

旧时有句俗语说，人生有三苦——撑船、打铁、磨豆腐，可见打铁行业的艰辛。在打铁业逐渐机械化的今天，日渐难闻打铁声，即使在打铁街也难觅风箱、火炉的踪影。当阳光透过狭窄的街道，投映在铁器上，反射出光芒，总会让人联想起"炉火照天地，红星乱紫烟"的打铁场景。风箱呼呼作响，炉火熊熊燃烧，照亮天地，铁匠挥舞着锤头抡锤锻打，红星四溅，紫烟蒸腾，随着一声声响亮的敲打声，铁器逐渐成型。站在打铁街，耳边确实传来了打铁的声音。循声而去，只见一位白发老人正在店门口打磨一把菜刀。老人说，手艺都是祖上传下来的，如今虽然不开炉打铁，但是从外面进的铁器总有些做工差的，都要亲手再打磨加工。

打铁街是小农经济的产物，随着社会经济的发展，人们对用品的需求也发生变化，打铁街的作坊群正在消亡。打铁街见证了打铁这一传统手工艺从鼎盛到逐渐衰落的过程，是传统特色行业在社会经济的发展中逐渐式微的缩影。

如今打铁街虽然不开炉打铁，但是对从外面进来的做工差的铁器，都要再打磨加工

书院门额"兴道书院"四字,为清朝翰林院侍读学士、潮州知府刘㳽年所题

兴道书院

揭阳自古崇文重教之风兴盛,有着"揭阳多士天下都"的美誉。到了清朝,各都纷纷兴建的书院如雨后春笋般崛起,当时在霖田都棉湖兴建的棉湖社学是揭西地区最古老的学校,俗称老书院。

棉湖社学始建于清雍正八年(1730年),属于乡立性质,供全乡幼童求学。棉湖社学日渐兴盛,所处位置却在市肆旁边,嘈杂的环境不利于学生学习,当地举人陈元才一直想为社学另寻静僻之处。后来陈元才游玩时来到鸿溪(现凤江镇洪湖村),见此处三山排青,一水汀碧,风景优美,非常适合建书院。乾隆七年(1742年),陈元才在鸿溪之滨建筑屋舍三栋,夹室二十间,将棉湖社学迁来,名为"鸿溪书院"。但因距棉湖太远,棉湖人子弟上学多有不便而作罢。

发现城市之美·揭阳

书院门额背面刻"砥行立名"，为方耀手书

清朝末年，广东水师提督方耀调任潮州总兵，以铁腕手段清乡办积案，激起不少民怨。为教化民众，他大力倡办书院，广设善堂。同治十一年（1872年），方耀以办案罚没帑金及杨氏屋地，在云湖之滨新建"兴道书院"。兴道书院前后共四进，前三进为厅堂，后进楼房为"造凤楼"。原为单层，中华人民共和国成立后改前厅门楼为两层式楼房。书院门额石匾上"兴道书院"四字，是当时翰林院侍读学士、潮州知府刘浤年所题，背面"砥行立名"是方耀手书。中厅供奉"梓潼帝君"，也叫文昌帝君，每年文昌帝君诞辰日，书院都要在此举行祭祀活动，仪式隆重，场面十分热闹。

国民革命军东征时期，东征军进驻棉湖，指挥部就设在兴道书院，东征军在金和大公山打败军阀陈炯明军队，是历史上著名的以少胜多的棉湖战役。抗日战争时期，棉湖成为潮汕抗战后方，揭阳县第一中学迁来兴道书院开办，随后又有多所中学相继在这里办学。从书院到中学，百余年间，兴道书院先后培育了前清进士曾习经、当代著名经济学家许涤新等优秀人才。

20世纪90年代，兴道中学从书院迁出后，兴道书院辟为纪念馆，其中包括棉湖战役展览室、周恩来事迹陈列室等。同时，兴道书院也是揭阳市爱国主义教育基地，让更多的年轻一代了解兴道书院和棉湖战役的历史。

民国以来,有多所中学相继在兴道书院办学。20世纪90年代,兴道中学从书院迁出,兴道书院被辟为纪念馆

|上砂庄氏宗祠|

在上砂白石村,客家风格的庄氏宗祠在众多平房中尤为显眼。青砖清水墙下部麻石构砌,蝴蝶瓦屋面,不加装饰的屋脊,整体颇具庄严肃穆的气派,这与潮汕传统祠堂大不相同。

走进庄氏宗祠会发现,在祠堂大门两侧的墙上嵌入大量石碑,其中大多是旗杆夹石,是庄氏在历代科举中取得重大成就的体现。祠堂为前后两厅结构,厅侧有厢房,两厅之间有天井。墙壁、梁枋、斗拱等都有彩画装饰,富丽堂皇又不失高雅。后厅"岁魁"和

上砂庄氏宗祠,大门两侧的墙上嵌入大量旗杆夹石,是庄氏在历代科举中取得重大成就的体现

"绩著凝香"牌匾分别是清乾隆四年（1739年）和乾隆四十六年（1781年）所立。两厅共有18根柱子，据村中老人介绍，凡是到上砂庄氏宗祠认祖的，必须要说得出祖祠中柱子的数量以及所在的位置，上砂庄氏才会承认他是同族子孙。

上砂庄氏始祖庄诏是福建庄氏始祖庄森后裔，其父庄罗是抗元名将、南宋护国将军。南宋末年，元兵南下，庄罗随文天祥抗元，携妻儿护驾入潮。庄罗

上砂庄氏肇基始祖庄诏画像

庄氏宗祠上厅

悬挂于庄氏宗祠上厅左侧的"岁魁"匾,是清乾隆年间皇帝钦命翰林院修撰、广东提督学政刘星炜为肇庆府恩平县儒学庄璋立

殉国后,妻子黄徽德为避难,携幼子庄诏,一路逃往广东惠州沙坑洞(今揭西上砂镇)潜居安家。清乾隆四年(1739年),庄诏十五代孙庄君腾倡议合族兴建白石庄氏宗祠。同年,族人庄有恭高中状元,要到上砂祭祖,升状元匾,故祠堂门楹书:"都督家声远,状元门第新。"

繁衍至今,上砂庄氏已是四邻望族,历代对祠堂均有修建。中华人民共和国成立后,宗祠一度作为乡村办公用地,因破除迷信,祠堂内神牌、龛台遭废弃。1984年,族人倡议修复祠堂,庄氏宗祠焕然一新。为迎接在上砂举行的第六届世界庄严宗亲恳亲大会,上砂庄氏宗祠再次重修,并扩建广场,修通道路。如今的庄氏宗祠,是族人祭祀祖先的重要场所,平时则是乡民休闲的好去处。

第五章 揭西

大夫祖祠

大夫祖祠为七开间三厅两天井格局，中厅设拜亭，且为重檐双拜亭，拜亭有内四石柱和外四石柱支撑，亭顶四角飞檐，檐下倒吊四朵木雕彩绘莲花，栩栩如生。前后天井各植一株罗汉松，苍劲之余尽显历史沧桑。三进厅堂均是雕梁画栋，祠堂内外的石雕、木雕保存较为完好。

大夫祖祠，又称广业祠、知府祠，里面供奉着有大夫封衔、以廉明著称的林鸣鸾，这也是大夫祖祠得名的原因。林鸣鸾，字应时，号竹洲，霖田即钱家寨（今钱坑镇）人，

大夫祖祠面阔七开间，规模位列揭西地区大型祠堂之冠

明正德八年（1513年），十八岁的林鸣鸾中举人，授嘉兴府同知，后擢升南京户部员外郎，又出任贵州都匀知府。林鸣鸾在任期间勤政爱民，平反冤案，政绩卓著。当时都匀府有生员陆杰、陆相兄弟，在前太守任期因涉嫌杀人入狱。林鸣鸾晚上出行时，听到监

大夫祖祠中厅设拜亭，且为重檐双拜亭，这在揭西极为罕见

第五章 揭西

位于揭西金山脚下路边的林鸣鸾墓的墓道碑

大夫祖祠屋脊的灰塑

大夫祖祠内的木雕

牢中传出琅琅读书声,询问得知是陆氏兄弟,惊叹二人身处牢狱仍勤奋不辍,必定不是平庸之人。第二天便提审兄弟二人,果然是有冤情,于是林鸣鸾多方查访,将陆氏兄弟解罪释出。三年后两兄弟均得中进士,后来陆杰任广东布政,派遣小吏到林鸣鸾家,当时正值林鸣鸾在京师,于是陆杰便迎接林父到署衙,感谢林鸣鸾的救命之恩,又上书请旨在揭阳建"司徒正郎坊"。

如今,"司徒正郎坊"虽早已不复存在,但林知府的廉明官声却得以流芳青史,保存完好的大夫祖祠成为少有的能瞻仰这位先贤的地方。

309

发现城市之美·揭阳

植丰园：中西文化的碰撞

在揭西县金和镇新园村寨后，有一座叫"植丰园"的精美别墅，牌坊式庭院大门，西洋古典皇宫风格门楼，潮汕"四点金"格局，以及潮汕嵌瓷和灰塑，中西建筑艺术在这里完美融合，在潮汕地区非常罕见。

植丰园面积有五千多平方米，四周有围墙环绕，建筑包括了主座、附座、后房和碉楼。庭院大门门楣上"植丰园"三字是清朝著名翰林岑光樾的手笔。大门之后是宽大的花园，正中建有喷水池，而房子则掩映在一片葱茏的树木之中，颇有一番柳暗花明的意境。主座门楼上"希伯伦"三个灰塑大字尤为显眼，这个被尊为犹太教、基督教和伊斯兰教共同圣地的地名为什么会出现在这里？不禁让人对这座中西合璧的建筑更加好奇。主座大厅高约12米，天花顶横跨8根水泥梁，大厅两侧饰琉璃窗，整体类似西方教堂的风格。

植丰园大门，门额的"植丰园"三字是清朝著名翰林岑光樾的手笔

植丰园主座大厅，整体装潢类似于西方教堂的风格

发现城市之美·揭阳

植丰园主座大厅侧门，融入了西方建筑风格

植丰园的花园正中建有喷水池

这座带着神秘色彩的别墅内住着一位年逾百岁的老奶奶，与老人交谈后得知这是她的侄儿林子丰的旧居。林子丰是香港著名的金融企业家和教育家，也是中信嘉华银行和香港浸会大学的创始人。林子丰早年接受西式教育，是一名虔诚的基督教信徒。1915年，23岁的林子丰离开家乡到香港发展，先后在浸信会开办的培正中学担任校董、校监，还创办了香港浸会学院和浸会医院等机构。1920年，林子丰娶陈植亭为妻，同年在家乡建造了一座园林式别墅，取夫妻二人之名将这座庭院命名为"植丰园"。林子丰与妻儿大多数时间在香港及海外发展，只有回乡时才会在植丰园小住，其余时间由他家乡的亲人代为管理。

植丰园是中西方文化碰撞之后衍生出来的另一种别致，是近现代之交潮汕建筑转型的代表。虽历经了近百年的岁月沧桑，仍基本完好地保留了最初的风貌，穿过了一个世纪的时光，这座宅子仍没有褪尽人间烟火气息。

以"希伯伦"命名的主建筑

暧暧远村墟里烟

| 井美村 |

井美村位于揭西大溪镇，为清康熙年间的潮汕"糖业大亨"李天生所建，距今四百余年，依然保存较好，在潮汕地区享有很高的知名度。

明崇祯年间，李天生利用榕江便利的水路，把潮汕地区盛产的红糖运往宁波、上海、苏杭地区，又把当地特产运回潮汕而发迹，后开始经营杉木、贝灰、瓦片等建筑材料，成为岭东糖业巨擘、揭阳首富。当时在榕江水域来往的商船，大部分悬挂李天生的旗号，其富有程度可见一斑。由于身家殷实，李天生于康熙年间，建了井美旧寨。

凭高俯瞰，井美旧寨是一片呈长方形的老建筑群，东西朝向，人一概从南北两处旁门出入，这样的建筑布局，在潮汕地区罕见。建筑上的装饰，均采用潮汕地区传统的嵌瓷、浮雕、手绘等工艺，虽历经数百年，仍鲜艳如昨。只因长期没有人居住，也缺乏日常维护，井美旧寨门窗损坏，杂草丛生。高处的精美和低处的颓废，形成了鲜明对比。村中有一口水井，相传当年来往于榕江的船夫，从附近的井美古渡口上岸到此取水泡茶，因水清甜而美，故称井美，俗称井尾。现在，已没人来此取水，水井也已用水泥石板掩盖。

第五章 揭西

井美旧寨，后厅两层高的建筑即为李天生大楼

井美旧寨后厅是李天生的祖屋，深褐色的三合土夯实的墙体足有半米厚，实木板门外，再设方木栅栏，窗户离地两米左右，铁条加固。墙上留有炮眼，上下倾斜，通过炮眼可看清楼下动静，也可射击，在那个不太平的年代，这样的设计可有效防御外敌侵扰。因为房屋为木质结构，防火自然是重中之重。他们在墙内预埋很多管道，每隔一段距离设一个隐蔽的喷水口，一根总水管直通楼顶的储水池，一旦有火情，只需要将阀门打开令水压加大，各楼层的水管能远距离喷洒，效果堪比现代自动灭火装置。

井美新寨，与旧寨同为"糖业大亨"李天生所建

井美新寨寨门

  随着李氏人丁兴旺，井美旧寨已经容纳不下不断增长的人口，李天生又在距离旧寨几百米的地方修建了一座更大的村寨——井美新寨，现在简称为"井新"。井美新寨位于榕江"几"字形大拐弯的半岛上，背倚金山，面临南河，呈长方形。东、西、北各开一小寨门，北门为正门，正门顶建有小更楼一座，居高临下，可瞭望整个村落。所有屋顶自南向北逐步增高，从高处望去，极富韵律感。

  潮汕地区的名门望族会依其宗族、风水观念以及建筑美学来建造家族宅邸。所以新寨内的文韬公祠、郁芳公祠、九如公祠等先祖祠堂都位居这片古宅东西向的中轴线上，其他族人的宅邸分布在中轴线两旁，共计五排，每排八到十座不等，全部为"四点金"建筑风格，全寨总共四十五座。据记载，井美新寨始建于清康熙中期，用了十二年才建成。

  潮汕地区素来注重宗族观念，清乾隆二十五年（1760年），李天生的子孙在井美村建成大溪李氏宗祠，将每年农历九月初九重阳日定为祭拜祖先之日，并逐渐形成具有十分浓烈的地方特色的大溪宗祠祭典仪式。大溪宗祠祭典代代相传，至今已有二百五十多年，被列入广东省第二批非物质文化遗产名录。

位于井美村的大溪李氏宗祠，每年农历九月初九在此举办的大溪宗祠祭典仪式为省级非物质文化遗产

新宫林村

潮汕与客家接壤地区潮客混居,两种文化相互影响、相互交融,形成当地特殊的文化现象。揭西灰寨镇的新宫林村是一个客家村,但在一些文化、建筑等方面还是受到潮汕文化的影响。

据灰寨镇《李氏族谱》记载,李氏先祖在明朝正德初年从梅县龙牙(今隆文镇)迁居灰寨,而后创立宫林村。到清朝乾隆、嘉庆时期,十三世祖李重烈做糖业生意发家致富,经常北上苏州、天津等地进行贸易往来。因非常欣赏苏州的建筑风格,李重烈特地从苏州带回建寨图纸,择地建造新的村寨,新村称为新宫林,原宫林村称为老宫林。

新宫林村古建筑融入了苏州园林建筑的格调

第五章 揭西

位于新宫林古村中轴线上的"乐善处",村里人称老祠堂

俯瞰新宫林村

新宫林村始建于嘉庆八年（1803年），历经嘉庆、道光、咸丰等时期上百年的多次扩建而最终完成。主体呈"回"字形围屋，当时有"三街六巷，驷马拖车、九厅十八井，四面更楼，照壁池塘"之称。位于中轴线上的"乐善处"是李重烈以父亲李毅友的名义创建的祠堂，村里人称老祠堂，大门处有门联："乐宁居后，善不让先。"乐善处的格局类似潮汕传统民居"驷马拖车"，主体共九厅十八天井，与左右两侧的宅第并排，合称三壁联，而周围房屋围聚于乐善处，又称"百鸟朝凤"。整体建筑的雕梁画栋完全是苏州园林的建筑风格。祠堂前是大禾坪，有围墙，两侧各有一座更楼和对称的两个圆形寨门。照壁外是一口半月形的大池塘，池塘中原来种植着两棵水松，常年繁茂苍翠，据说是从苏州引种过来的，如今只剩一棵。

新宫林村李氏几百年与潮人比邻而居，虽然语言上并没有被同化，建筑上却形成了一种融汇潮汕传统民居形式，又集客家围屋特点的建筑风格，极具潮客族群聚居地的特色。再加上苏州园林建筑的格调精髓，这样的古民居建筑在整个潮汕地区和客家地区都较为少见。

乐善处是李重烈以父亲毅友公名义创建的祠堂

祠堂前是大禾坪，有围墙，两侧是对称的两个圆形寨门

月湄村

月湄村是揭西东园镇东部的一个小村庄。"湄",指水草交接的河岸,月湄村位于榕江南河北岸,依山傍水,风景秀丽,人文昌盛。相传潮汕地区著名的虱母仙何野云曾云游到此隐居,并帮助村民建造月湄寨。

月湄村全村姓卓,最早迁居月湄的卓氏先祖是明朝福建莆田籍进士卓天赐。明成化七年(1471年),卓天赐任广东布政司右参政,后来落籍揭阳地美都青溪乡,不久又迁移到月湄定居。月湄老寨建于元末明初,最早是郑氏建造,后来因寇乱等原因,于清康熙二十一年(1682年)卖给卓氏家族,并立下寨契,详细记载了购寨细节。卓氏珍藏的寨契有两份,一份是购买寨场的,一份是修理寨场的。卓氏在联合多地族人买下寨场后,先后于康熙五十八年(1719年)和康熙六十年(1721年)两次修建寨场,才形成现在

月湄老寨仅在南面开一寨门出入,相传寨门是虱母仙何野云设计建造,门上"月湄"二字也是他亲手所题

第五章 揭西

月湄老寨已无人居住，逐渐荒废

所见的月湄老寨。

月湄过去曾遍植甘蔗，加上水路交通便利，制糖业兴盛一时。如今虽然不再种蔗制糖，但几百年前留下的"糖寮"遗迹是历史最好的见证。制糖业曾极大地带动了月湄的经济发展，后来村民建起了新寨，并陆续搬到新寨居住，老寨逐渐荒废。

月湄老寨由十八座"五间过"建筑组成，其中两座为公厅，十六座是民居，呈三街六巷分布，整体是潮汕传统民居建筑"百鸟朝凤"格局。中街后座的卓氏祖祠是整个寨子的中心，被视为"百鸟"之中的"凤凰"，四周围屋有一百间房。为了守寨御敌，环寨开挖壕堑，种植十八棵榕树对应十八座建筑，形成一道天然的屏障。可惜年代久远，如今只剩几株老树幸存。老寨仅在南面开一寨门出入，据村中老人介绍，寨门是何野云

月湄过去曾遍植甘蔗,加上水路交通便利,制糖业兴盛一时,图为旧时用于榨糖的石绞

所建,门上"月湄"二字也是他亲手所题。大门内两边的"将军柱"是村民的"晴雨表",每当"将军柱"上变得湿润,预示着天将要下雨。

  月湄的美是带着古朴的美,是带着灵气的美。寨前宽阔的荷塘与带着古韵的传统老建筑相得益彰,一朝春雨碧满塘,暖日夏风香不尽,这样的月湄让人仿佛是走进了古人的诗画中。

第五章 揭西

月湄老寨

遇见历史熟人

| 卓兴：草厝出大蛇 |

"草厝出大蛇"是棉湖曾流传的一句话，说的就是棉湖草厝巷贫苦出身的卓兴，投身军营后，十五年间从兵勇到将军，当上潮州总兵，名震岭海的传奇故事。

清道光末年，洪秀全领导太平军进行反清政府武装起义，声势浩大，清朝廷为了镇压起义军，大量招兵。当时卓兴正贫穷落魄，于是应募入营，随军征剿钦州、廉州和浔州。卓兴英勇作战，阵前斩杀太平军首领黄晚，勇冠三军，能力得到大帅赏识，由勇目拔补外委。咸丰三年（1853年），卓兴随军进剿福建漳州起义军。翌年，潮阳城被陈娘康起义军围困，卓兴前往解围，援助潮州，又剿灭普宁北山许亚梅起义军，升为守备。咸丰六年（1856年），解江西赣州之围，赏戴花翎，任平镇营都司。咸丰八年（1858年），再入潮州剿平海阳枫洋苏亚奇起义，潮州地区得到肃清平定，卓兴调任督标中营都司。次年解兴宁之围，补任琼州镇中军游击，赏格艮吐巴图鲁名号。随后平定粤西地区起义军，授南韶连镇总兵，封建威将军，加提督衔，赏给三代一品封典。同治五年（1866年）改任潮州总兵，两年后，因病卸任，在潮州城建府第。

清末潮州总兵卓兴像（1829—1879 年）

卓兴虽然自幼家境贫寒，但聪明伶俐，仪表不俗，当时就有术士预言他将来能封侯拜相，飞黄腾达。卓兴从军后骁勇善战，在带兵打仗时总能出奇制胜，所向披靡，而且治军很严，军队所过之处秋毫无犯，有古名将之风，在清朝廷平定太平军时立下赫赫战功，被誉为"忠勇"名将。

曾习经（1867—1926 年）

岭南近代四家之曾习经

晚清时期，岭南诗坛名噪一时，诗才辈出，除了康有为、梁启超等维新派诗人，以及黄遵宪、丘逢甲等岭东诗家代表，更有号称"岭南近代四家"的梁鼎芬、曾习经、罗惇曧、黄节等诗词名家。其中，以曾习经的诗词尤为世人所推崇，在《近百年诗坛点将录》《中国近代文学大系·诗词集》等全国性诗词家名录和诗词选集中，都有他一席之地，著有《蛰庵诗存》《秋翠斋词》等。

曾习经是揭西棉湖人，出生于清同治六年（1867 年），自幼聪颖，才学显著。光绪十四年（1888 年），与长兄述经一同被选入张之洞主办的广雅书院，后转到广州学海堂，与梁启超同窗，后来成为挚友。光绪十五年（1889 年），兄弟二人同科中举，一时传为佳话。翌年，曾习经得中进士。光绪十八年（1892年），曾习经参加殿试，成绩优异，授予户部主事，从此跻身官场二十余年。为官期间，曾习经积极参与了"公车上书"，还常与梁启超等人通宵夜谈，忧心国事。辛亥革命爆发后，曾习经深感清政府已无望，在清帝退位前一日辞官。

辞官后，曾习经与家人隐居杨漕（今天津），自号"蛰庵居士"，过着与世无争的田园生活。民国政府先后几次想聘请他出任要职，都被他拒绝。曾习经喜爱藏书，经常逛京师的文化街琉璃厂，收藏了很多秘本，藏书印有"曾习经印""湖楼""秋翠斋""蛰庵藏书"等字样，时下名家如伦明、叶恭绰等多向他借读。杨漕多为盐碱地，难以耕种，而曾习经又不善经营，以致入不敷出，晚年生活拮据，只得变卖藏书、字画维持生计，又身患疾病，十分痛苦。1926年，病逝于北京，终年六十岁。

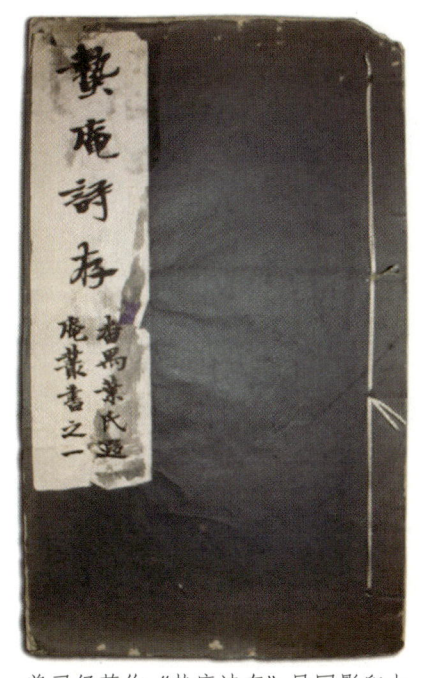

曾习经著作《蛰庵诗存》民国影印本

曾习经著作《蛰庵诗存》民国影印本内页

许涤新(1906—1988年)

经济学家许涤新

许涤新是我国早期的经济学家,1906年出生于广东揭阳棉湖,15岁时进入榕江中学就读,开始受革命思想影响。1925年,加入共产主义青年团。翌年,考入中山大学文科预科班,积极参加革命活动。1927年,在第一次国共合作破裂后,许涤新也遭到国民党追捕,虽幸免于难,却被学校开除。同年7月,考上厦门大学,因无钱交学费,只好回到家乡自学,受到历史唯物主义著作的启迪,转向攻读政治经济学。1929年8月,许涤新考入国立上海劳动大学,半工半读,并决心研究《资本论》。上海"一·二八"事变后,上海劳动大学被国民党下令封闭,许涤新转入上海商学院经济系学习。1933年,许涤新大学毕业,经杜国库介绍加入中国共产党,任中国社会科学家联盟常委、党团书记等要职,一边进行地下斗争,一边继续经济研究工作。

1935年2月,由于叛徒告密,许涤新被国民政府逮捕,在监狱遭受严刑拷打,却坚贞不屈。全面抗战爆发不久,重获自由的许涤新参加筹办《新华日报》《群众》等报刊的出版。1940年,他调任中共南方局宣传部秘书和统战委员会经济组长,仍负责党报和

第五章 揭西

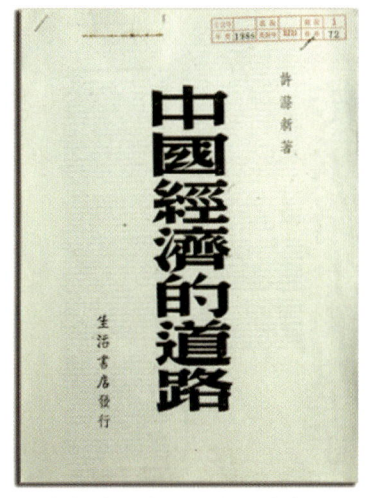

许涤新著《中国经济的道路》

党刊的编委和撰校工作,后来又筹办"中国经济事业协进会",发表过《对时局献言》《我们对经济民主的九点意见》《对经济问题的意见》,受到社会各方重视。在抗战期间,他先后写成《战时中国经济轮廓》《中国经济的道路》《现代中国经济教程》等著作,成为中华人民共和国成立后研究旧中国经济的重要资料。抗战胜利后,许涤新先后调往香港、上海、北京等地工作。从1941年周恩来要许涤新做民族资产阶级的统战工作开始,他参加了对资本主义改造的全过程,写了不少有关"资改"的文章,对于各种形式的国家资本主义经济的性质与作用,作了比较精辟的阐述。

"文革"期间,许涤新被关入"牛棚"五年多,在极其艰苦的条件下,写了45万字的读《资本论》的笔记,编成《论社会主义的生产、流通与分配》一书。1977年,许涤新出任中国社会科学院经济研究所所长,次年任社科院副院长。1981年,被任命为汕头大学首任校长。之后还主编《政治经济学辞典》,出版了《中国国民经济的变革》和《中国社会主义经济发展中的问题》。"文革"后十年,他把精力投入到发展经济科学和培养新生力量中,硕果累累。他说"四人帮"剥夺了他十年的工作时间,余年有限,要向自己的生命夺取时间,为社会主义增添一砖一瓦。

传承路上的坚守

| 提线木偶戏 |

提线木偶戏,古称"悬丝傀儡",是中国木偶四大剧种之一,也是中国最有代表性的古老剧种之一。元末明初,由福建传入粤东客家地区,广为流传。

清朝末年,五经富庵背新村人吕德门到福建泉州提线木偶团拜师学艺,学成后回家乡创办木偶戏班,将提线木偶戏传入揭西客家地区,一直活跃至今。提线木偶戏以汉调唱腔为主,传入客家地区后,融入了客家山歌的演唱,对白用客家方言,在揭西客家地区一枝独秀,有"戏王"之称。

提线木偶戏的木偶以木为主,俗称"柴头戏"。木偶的头和四肢用樟木雕刻而成,躯干用竹篾做成,再将头、手、脚安装上去,穿上配套戏服,再画上戏剧各行当脸谱,生、旦、净、丑角色一应俱全,个个形象逼真。木偶的全身安装上14根线,登台表演时,木偶戏演员操纵这些线,使木偶做出各种动作,再配上唱念做打,一出出生动的提线木偶戏,演尽众生百态。提线木偶戏剧目众多,主要有《化子进城》《李彦贵卖水》《白蛇传》《张四姐下凡》《薛丁山招亲》等。

第五章 揭西

旧时，乡村百姓除了劳作之外，娱乐消遣很少，而生动形象又趣味横生的提线木偶戏在客家地区演出深受欢迎。走演，是木偶戏团的生活常态，有时在一个地方会连演几天几夜。"生旦文武共一箱，穿州过海走城乡。悲欢喜怒皆成戏，唱做翻爬自有腔。忠奸今古分声色，是非美丑善铺张。手口随心提拉扯，痛快淋漓演一场"是他们的生动写照。与此同时，揭西地区出现了不少木偶戏班。中华人民共和国成立前，有五经富龙江木偶

提线木偶戏生动形象又趣味横生，在揭西客家地区深受欢迎，有"戏王"之称

发现城市之美·揭阳

木偶的全身安装上14根线，登台表演时，木偶戏演员操纵这些线，使木偶做出各种动作

剧团、河婆后埔木偶剧团、上砂上林木偶剧团等提线木偶戏班。

"文化大革命"时期，提线木偶戏被迫停演。直到1978年曾还元承接新创办"龙江线剧团"，提线木偶戏恢复演出。1995年由高礼华承接改为"华艺线剧团"，是目前揭西县仅剩的一个提线木偶戏团。提线木偶表演技艺一般是师徒传承，由于提线木偶表演难度很大，现在越来越少人愿意学这门技艺。为了寻求更好的发展，华艺线剧团在扎根基层的同时，也在剧情题材上不断创新，推出更多新剧目，以吸引新一代的观众。2012年，揭西提线木偶戏被列入广东省非物质文化遗产名录。

提线木偶戏的表演要配上后台的吹拉弹唱

酿造客家红酒首先是要将糯米蒸熟

第五章 揭西

客家红酒酿造技艺

客家人对糯米酒情有独钟，自古便有酿造、饮食糯米酒的习俗。逢年过节、婚宴嫁娶、乔迁新居、寿辰庆典，自酿糯米酒作为待客上品，必不可少。尤其是在妇女生完孩子坐月子时，客家人都会用糯米酒炖鸡，用来滋补身体、恢复元气。

在揭西地区，这种传统的糯米酒又叫客家红酒。客家红酒的酿造历史由来已久，过去家家户户都会酿造红酒。每逢岁时节令，空气中弥漫着酒香，那是萦绕在客家人记忆中挥散不去的家乡味道。

酿造客家红酒的原料主要是糯米，先将糯米蒸熟，摊开放凉后，撒上适量酒饼和红曲搅拌均匀，再装进酒缸里，外面用稻草或棉被遮严保暖。大概干发酵两天，在早晚加入适量白酒，一个星期后将酒沥出装坛。这种没有兑水的酒，称为"酒娘"，度数较高，需要加入一定量的沸水，杀菌、沉淀，才算制成成品。因在酿造过程中加了红曲，糯米酒色呈淡红，所以称"红酒"。客家红酒完全是纯天然发酵原汁，酒气清醇，芬芳香甜，入口柔和，具有养血美颜、温中驱寒、舒经活络、强身健体的功效，是客家人长年饮用的滋补品。

在酿酒过程中，酒饼至关重要，是酒发酵的引子，很多人会酿酒却不懂酒饼制作，需从

正在发酵的米酒

别处购买。揭西美成酒坊的主人曾小环，是广东省非物质文化遗产揭西客家红酒酿造的代表性传承人，不仅酿酒有自己的一套方法，更是掌握酒饼制作技术。制作酒饼需要上百种药材，曾经有两种关键的药材濒临消失，曾小环进入深山寻找，将其移植出来加以培育，才让祖传秘方得以保存。

客家地区有句俗语："酿酒做豆腐，无人敢称老师傅。"酿酒的过程并不复杂，却一点也马虎不得。即使是有着几十年酿酒经验的曾小环，依然对每个环节严格把控，唯恐稍不留神，酒的味道就发生变化。酿酒技艺代代相传，如今曾小环早已将全盘手艺传授给了下一代，希望将这一传统手艺传承发扬。2011 年，揭西客家红酒酿造技艺入选广东省非物质文化遗产名录。

第五章 揭西

酿酒中至关重要的是让酒发酵的酵母菌,当地称酒饼

酿好的客家红酒还需装进酒缸,经过杀菌、沉淀,才算制成成品

| 大龙香制作技艺 |

"拜老爷"是潮汕地区对于神灵祭祀活动的统称,是当地一项重要的民俗活动。在这些祭祀活动中,经常能见到大龙香的身影,那一炷炷象征平安祥和的大龙香,是敬神的重要物品之一,也是人们祈愿、还愿的一种方式。

在 20 世纪 80 年代以前,中国生产的祭祀用香都是以小香为主,揭西也不例外。到了 90 年代,揭西钱坑镇钱西村的林少潮接手家里的福源香厂,除继续生产少量的小香外,开始创新生产大龙香,并逐渐以生产大龙香为主。大龙香的制作是一个纯手工的过程,从香骨的挑拣到原料涂抹,再到图案刻画都非常讲究。据林少潮介绍,大龙香最大规格高度可达 6 米,小的也有 2.5 米,制成一般的大龙香最快也要两个月时间。

制作大龙香,首先是挑拣香骨,即将竹竿锯切成不同规格,将其压直、洗净、晒干。将香粉和杉木屑按比例混合,加水搅拌至面团状,涂抹在经过打底的香骨上,再晾晒干,大概需要 15 天。不同规格需要反复涂抹和晾干的次数不同,一般 2.5 米的需要涂抹 5 层,

大龙香的制作需要在香骨上反复涂抹香料,再晾晒,图为大龙香制作传承人林少潮在制作大龙香

大龙香制作的最后一步是手工上色，图为大龙香制作传承人林粤雄正在给大龙香上色

而 6 米的需要涂抹 9 层。上完最后一层涂料后，要包上一层透气、粘贴性好的丝纸，防止涂料脱落，然后再晾干。最后在成型的大香上，把用香料做好的形状组装粘贴成图案和文字，晾干后涂上一层白色涂料，再手工上色，颜料风干后，大龙香算是制作完成了。大龙香的图案以龙凤为主，最大的特点是龙形图案，分单龙、双龙、三龙，形象立体，盘旋在大香之上，如飞龙在天，这也是大龙香名字的来源。此外还有人物、花鸟和吉祥寓意的文字。

因大龙香利润薄，制作工期长，揭西很多香厂陆续停产，只有福源香厂一直在坚持，是揭西目前唯一的香厂。为了更符合现代人环保的理念，林少潮不断地进行工艺创新，制作出烟小甚至无烟的大龙香；还根据客户要求，生产不同燃烧时长的大龙香，有的一炷香一天烧完，有些可以燃半个月。2018 年，揭西大龙香制作技艺被列入广东省非物质文化遗产名录。

福源香厂是以家庭作坊的形式传承，如今林粤雄已从父亲林少潮手中接过衣钵，努力在工艺上进行创新、花式上加以变化，制作的大龙香在揭西、普宁、陆河等地广受欢迎，并计划通过网络平台展示产品，将大龙香推广到更广大的区域。

一汤一茶同一羹

客家擂茶

擂茶,是客家地区的一种传统饮食。据史料记载,晋代已出现茶粥,宋朝时就已有"擂茶"一词。夏季酷暑,天气炎热,劳作之后,经常没有胃口吃饭,人们往往会以擂茶为午餐;冬天寒冷,吃上一碗热气腾腾的擂茶,身心俱暖。在揭西,吃擂茶甚至是一种传统的社交手段,婚嫁寿诞、亲友聚会、乔迁新居、高考中榜、病人新愈等,热情好客的揭西客家人都要请吃擂茶,已把擂茶当成一种待客礼俗。

制作擂茶主要工具是木棍和带有螺纹的陶钵,擂茶棍一般由油茶树、芭乐树等对人体无害的木材制成。将新鲜茶叶、金不换、薄荷、苦栃芯等材料不加任何调料炒熟,放入钵中用擂茶棍磨烂,再加入芝麻,擂成糊状后加炒熟的花生,直至擂成浆状,其间可加入少许凉开水起润滑作用。如果是用干茶叶代替新鲜茶叶,则与花生一同放入即可。擂的时候需要两手配合,持续旋转,用力均衡,非常考验臂力。擂好的茶浆,加入适量的盐,冲入煮沸的开水,一钵甘香浓郁的擂茶汤就做好了。

揭西擂茶茶味纯,具有咸、香、甜、苦、甘等多种味道,喝之不仅能生津止渴、清

客家擂茶是客家地区的一种传统饮食

热解暑，还有健脾养胃、滋补益寿之功能。现代人口味多样化，有些擂茶中不加茶叶，也可根据季节或时令适当加入紫苏、香菜、生姜等材料。揭西常见的擂茶吃法有："饭茶""米骨茶"和"焙米茶"。"饭茶"是先将米饭煮熟，按量加入分别炒好的葱、蒜、韭菜、藠头、芥蓝、豌豆、豆角、萝卜干、虾仁等，舀入茶汤混匀即可食用。米骨是用糙谷蒸熟，晒干，去谷壳后制成，而"米骨茶"就是用煮熟的米骨代替米饭，加上和饭茶一样的配料，吃起来爽口香甜。"焙米"即爆米花，"焙米茶"吃起来香脆甘美，滋滋有声，非常过瘾。

以前，揭西家家户户都会制作擂茶，随着生活变迁，现在很多人不愿自己动手擂茶，掌握擂茶传统制作工艺的人越来越少。于是便出现了一些擂茶店，"河婆擂茶"店负责人刘朝星是揭西擂茶制作技艺的代表性传承人。在机器代替手工的冲击下，刘朝星始终坚持纯手工制作擂茶，并不断研究让擂茶的口味更佳。在刘朝星看来，机器搅拌效率再高，也代替不了手工擂制的原汁原味，他将这一门技艺传给了儿子，并希望能将这门手艺一直传承下去。

第五章 揭西

制作擂茶的材料有十多种，可根据季节和口味进行调节

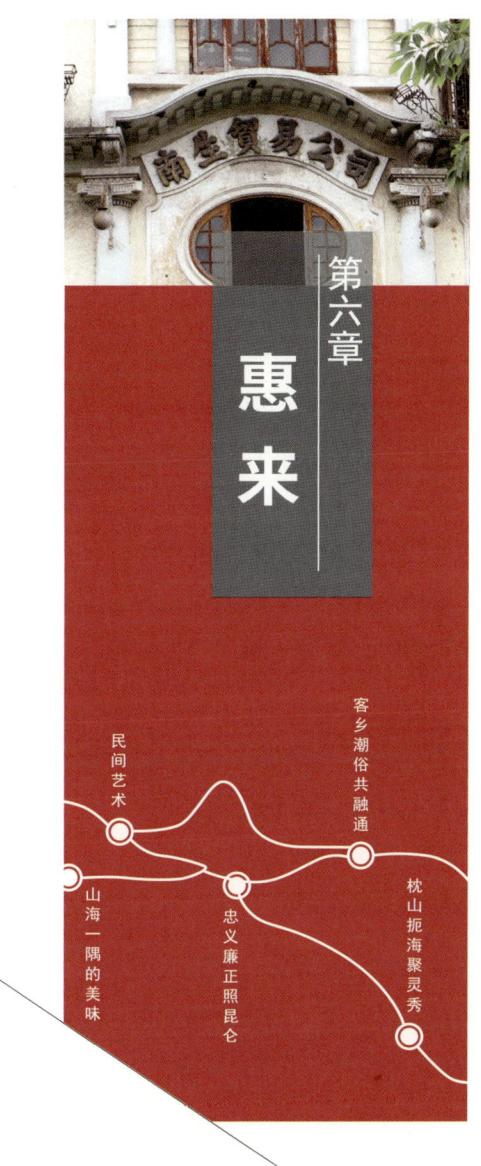

第六章
惠来

- 客乡潮俗共融通
- 民间艺术
- 枕山扼海聚灵秀
- 山海一隅的美味
- 忠义廉正照昆仑

惠来："海市"胜地，滨海明珠

惠来县地处粤东沿海地区，是揭阳市唯一的沿海县，自古艺文昌盛，人杰地灵，历史之悠久可追溯至秦汉时期。因明嘉靖三年（1524年）县治设于惠来都，故名，至今已近五百载。

惠来历来是粤东地区重要的对外贸易门户，惠来人民祖祖辈辈与海结缘，同海搏斗，海洋文化早已成为惠来这座滨海城市的灵魂。至今保存着神泉港、靖海港、靖海海关、灯塔等见证"海洋文化"历史的文物古迹。凭借得天独厚的海域优势，成就海市蜃楼奇观，惊鸿一现，令人叹为观止。更有堡内古寨、海角甘泉、澳角古炮台、靖海古城墙等见证葵阳古邑的沧桑巨变。

惠来人文荟萃，涌现出陈梦龙、苏福、詹一惠、谢正蒙、翁照垣等历史文化名人。明代神童苏福八岁写下的《三十夜月诗》脍炙人口，震动朝野，其留存于神泉景点"海角甘泉"凉亭中的独脚联，迄今仍吸引无数文人墨客或观摩或应对。

悠久的历史孕育了惠来独具特色的地方文化，许多久远的传统文化如打火醮、景屏、鹤舞、九鳄舞、抛锣等至今仍保存完好，代代相传，其中有不少已名列省、市级非遗项目。

惠来地域辽阔，物产丰富，是全国水产品产量百强县之一。海胆、石斑鱼、鳗鱼、鲍鱼等多种海产珍品驰名海内外。惠来饮食文化深厚，隆江猪脚、隆江绿豆饼、靖海豆糁等美食广受赞誉。

惠来名胜古迹众多，底蕴深厚，海洋文化丰富。2017年，惠来沿海"海洋文化"遗迹在众多候选地点中脱颖而出，入选"广东十大海上丝绸之路文化地理坐标"。

第六章 惠来

石碑山灯塔，有"亚洲第一航标塔"之称

枕山扼海聚灵秀

|佛光寺：朝山拜佛者的乐土|

"山不在高，有仙则名"，黄光山海拔不高，却因佛光寺而闻名。相传唐代高僧大颠和尚曾云游至此，认为这是一处极好的风水宝地，又因南宋高僧黄光曾在此潜心修行，后人将此山命名为黄光山。

山间有一块天然的"卧虎石"，相传只要往石上浇水，虎形即现，而且不同时间呈现不同姿态，活灵活现。山涧有一汪碧水池，传说七仙女曾下凡至此沐浴，留有"仙浴盆"古迹。又相传八仙之一的吕洞宾也曾经驾五彩祥云至此，脚踏青石，留下一串清晰可辨的脚印，当地人称之为"仙脚迹"……如此种种，不一而足。建于南宋德祐元年（1275年）的"玄德古寺"，距今已有七百多年历史，供奉着关公等佛道诸神，历来香火鼎盛，在整个潮汕地区享有很高的知名度。只因年代久远，设施残旧，无法接纳更多香客，2009年，古寺在原来的基础上进行扩建。这里的师父说，就在勘地准备动工时，众高僧看到山顶有佛光冲天，认为吉兆，所以将"玄德古寺"改称为"佛光寺"。每年春夏之交或秋冬之际，这里时常云雾缭绕，宛如仙境。

第六章 惠来

黄光山佛光寺，原名"玄德古寺"，高僧黄光曾在此修行

佛光寺依山而建，坐北朝南。大雄宝殿和鼓楼位居整个寺院的中心位置，是众僧朝暮修持之地；再往上是玄天殿，这里前坪开阔，可停车，可举行大型祭祀活动。据师父介绍，该殿的主神是一尊护法神僧伽蓝摩，为关公的化身，能扶持正法，庇佑百姓，是中国人心目中最崇敬的神佛，这也是对旧"玄德古寺"道场的延续和继承。被誉为"粤东第一佛"的佛光大佛就矗立在这里，大佛身高21.34米，莲花座高2.08米，48尊各2米多高护法诸神环绕四周。

每逢佛祖诞辰或其他佛历吉日,各地的信众相约来此拜佛,他们不分男女老幼,有出家众,有在家众,彼此之间亲如一家,都以师兄弟相称。上百人身着统一的灰白居士服,在山门外集结。一到吉时,起香奏乐,寺庙师父拖着一个大音箱,手持话筒领读咒语,所有信众双手合十,齐声跟读,声音响彻山谷。他们沿着长长的山坡,三跪九拜,缓缓前行。以这种方式,去朝拜心中的佛,祈福心中的愿。未到大殿,衣服都已湿透,这既是一种艰苦的体力活,又是一种心无旁骛的虔诚。当今社会,工作、生活压力巨大,人们渴望轻松、平静、快乐、自在的生活。通过大师的讲经说法,体悟佛的教诲,卸下心中的烦恼,净化自己的心灵,这才是朝山拜佛真正的意义。

下到山脚,仰望佛光寺,它高高在上,这不仅是一座建筑物的高度,还蕴含着许多高深的禅意。它远离喧嚣,深居山涧,弘扬积极向上的正能量,祈求和谐的大同世界。你若有求,必须俯首登高,经历一种劳其筋骨的考验,收获一种历经风雨方能见彩虹的人生感悟。

佛诞日,沿山路三拜九叩登山的僧人和信众

黄光山顶的巨型大佛,庄严肃穆

巢凤凌云文昌阁

奎光阁,即惠来文昌阁,俗称文昌阁塔,供奉文昌帝君,位于今葵阳公园内。文昌帝君是中国民间和道教信奉的神祇,古时认为是主持文运功名的星宿。明万历三十三年(1605年),惠来知县游之光倡建文昌祠立文昌阁以兴文章吏治。

文昌阁是一座八面三层砖石结构的阁楼式风水塔,叠涩出檐,一层门朝正北,上书"奎光阁"。每层错落开设有圆形或八角形气窗,三层门额上书"巢凤凌云"。二层和三层皆外设围栏,旧时登阁凭栏远眺,水天相连,帆影点点,风景如画。

据清雍正九年(1731年)《惠来县志》中《重建文昌阁记》记载,文昌阁于甲申年

惠来文明书院旧址,1987年修葺扩建为葵阳公园

即顺治元年（1644年）毁于火灾。原阁坐南朝北，康熙二十六年（1687年）知县张秉政在原址重建，改北向南。乾隆二年（1737年）知县杨宗秉再次重修，又恢复其最初始的坐向。

自唐朝韩愈刺潮之后，潮邑家礼乐，户诗书，文风蔚然。惠来县原有葵阳书院因狭小又靠近闹市，不便于讲读，为振兴教化，县令贺朝冕集资于乾隆二十六年（1761年）修建城南郊文昌祠，辟为书院。次年建成，潮州知府周硕勋为书院题名"文明书院"，并撰写《文明书院碑记》。时文明书院前为讲堂后为奎光阁，祀文昌帝君于其中，左右为学舍。文明书院建成后，惠来县文风因之而盛，道光十六年（1836年），知县王治洽予以修葺。

民国期间，文明书院仍作为讲学授道之地，1939年曾为县立第三小学校址。1987年，文昌阁全面修葺，并增辟东南面土地30亩，建为葵阳公园。文昌阁历经数百年风雨，依然驻守县城一隅，成为惠来县充满历史底蕴的标志性建筑之一。

奎光阁，亦称文昌阁、文昌阁塔

乾隆二十七年（1762年）潮州知府周硕勋为书院题名并撰写《文明书院碑记》

| 靖海古城墙 |

在唐、宋之时，靖海镇就有渔民居住，明洪武二十七年（1394年），设靖海所城，成为一个独立的行政区，比嘉靖三年（1524年）惠来正式获批建县还早一百三十多年，有"未有惠来县，先有靖海城"之说。

靖海古城墙用贝灰沙三合土夯筑，历经四百多年风雨仍坚固无比

靖海古城设东南西北四座瓮城，东曰"表海胜概"，南曰"化洽驺虞"，西曰"靖海安澜"，北曰"莱钥永固"，现只存东、西、北三门

明嘉靖年间，靖海一带海寇猖獗，当地一千多户乡民深受其害，不能出海捕鱼，不能下地耕作。嘉靖二十七年（1548年）春，地方官吏上奏朝廷，建议修筑围城以抗拒外敌，第二年，朝廷下旨批准。历经十三年，这个周长1600多米的围城才修建完毕。城内有所厅、守备署、靖海仓、靖海铺等公署设置，还有城隍庙、关帝庙、天妃庙、龙王庙、观音堂等祭祀场所，乡民从此安居乐业。

靖海古城属于罕见的石头城墙，两边系不规则麻石垒筑，中夯灰土。城墙顶为跑马道，宽约3米，外侧布满垛口和内大外小的瞭望孔，城墙四角设有凸出城墙的方形转角台，可环顾四周。古城设东、南、西、北4座瓮城，城门上各有一幅石刻牌匾：东曰"表海胜概"，南曰"化洽驺虞"，西曰"靖海安澜"，北曰"莱钥永固"，今只剩东、西、北三门。

发现城市之美·揭阳

靖海古城墙内侧的跑马道以坚固的石块垒筑

第六章 惠来

至清代中叶，随着"海禁"解除，城墙不再承担原本的守护功能，城内的百姓开始走出城围，利用地域优势，让靖海逐步发展成为沿海渔业重镇。历经四百多年风雨沧桑，当初封闭的城郭只剩下东面和北面 600 米左右的弧形城围。其中北面有一段长约 30 米，一直保留原来的模样，这段墙体约 20 厘米厚，墙面粗糙，呈褐色，风蚀部分，肌理清晰可见，由三合土夯实而成，海螺、贝壳等材料裸露在外。

靖海古城墙没有想象中的巍峨，却透露出一种滨海先民的内敛与实用，它没有历经炮火的洗礼，但护卫着一方安宁。几百米的城墙上，几株古榕用强劲的虬枝深深地扎入坚实的石头缝隙中，顽强生存，枝繁叶茂，绿荫如盖，它用另外一种生命形态延续着古城墙的历史。

|堡内古寨|

潮汕各地有很多遗世独立的古堡、自成一派的老寨,这些集生活和防御于一体的建筑里,大多居住着同姓族人。他们的先祖或为躲避战争,或为逃离灾荒,从遥远的地方迁徙而来,在一个相对封闭的城堡里日出而作日落而息,世代繁衍。城堡内,有人世代生活在这里,从未远离;有人从这里走出去,在外面开枝散叶,再也没有回来……

华湖镇的堡内古寨,和别处的古寨不同,这里居住着高、颜、吴、林等十多个姓氏族人,他们的先祖都是在明万历年间从福建南靖县迁徙而来。因这里的武举人高廷焕抵御外寇有功,官府封赏了一块地,他们最终选择在这里建寨而居。

堡内古寨选址在被当地人称为"两水交接,罗窝踏口"处,古寨南面有一条约五米宽的河流,连接潮阳与揭阳的神泉港。通过这条黄金水道,人们将产自神泉镇的盐和鱼运往潮阳,将潮阳的染料运回华湖等地。河两岸商铺林立,交易繁忙。现在,河上还横

堡内古寨被踏得凹陷的寨门石阶

古寨内幽深宁静的巷道

卧着两座建于明代崇祯年间的石板桥，两桥相距仅 50 米，是广东省内少有的保存完好的古桥。古寨西面原来有一条小溪，溪中有块神奇的"罗窝石"，上有天然下凹的澡盆、两只深深的脚印和惟妙惟肖的澡巾图案，村里人把这块奇特的石头称作仙人石。因河泥常年淤积，现在变成一片良田，石头仍然立在原处。靠近石头的地方有座城隍庙（后改成仙石庵），这种情况比较罕见，因在潮汕地区，只有靠近县城的地方才能建城隍庙。原来古寨里有位教书先生，年迈后赋闲在家，一位当县官的学生常来探望，为了不扰民，他设法在此修建了一座城隍庙，每次以祭拜城隍的名义来看望老师，这个尊师重道的故

从明万历年间建寨，至今仍基本保存完好的寨墙

第六章 惠来

事在当地广为流传。

古寨呈不规则的椭圆形，东西走向130米，南北走向128米，十纵十横，有大小房屋二百多间，多为"下山虎"和"四点金"结构。设东、北两座拱形石寨门，瞭望台六个，沿寨墙顶设有一条跑马道，如今多已坍塌。古寨中央地势略高，中央有一石略呈圆形，直径0.3米，俗称"鼎脐石"，古寨亦有"鼎寨"别称。古关帝庙位于鼎的中心位置，庙内保存有清康熙、乾隆、嘉庆年间的木刻及石刻碑记等文物。

行走在古寨的巷道内，偶尔还能听到某个窗户里传出来的潮乐，碰到步履蹒跚的老者，他们可能是古寨内最后一批居民。这里的大多数房屋开始坍塌，墙头、窗棂早被牵牛花、爬山虎等绿植覆盖。如果你运气好，或许能发现寨内的那一堵褐色高墙，据说是用红糖和糯米夯实而成，在整个潮汕地区都极为罕见。若遇到热情的村民，定会带你去看一处特别的老宅，它就是潮剧中最为经典的败家子原型"邱孝"的家。这是个曾经富盖揭阳，后来因坐吃山空，败光家产而流落街头的人物。古寨内还有很多故事，不会因为时间久远而被人淡忘，它们早已穿越围墙，在民间广为流传。

建于明崇祯年间的石板桥

海角甘泉

神泉镇地名的由来可以追溯到八百年前。据说，在唐宋时期，这里就有一个神山村，村前有座神山古庙，古庙对面是一个面积不足0.2平方公里的小岛，村民称该岛为"神前岛"。宋元之后，神前岛东部海沙淤积，海床抬升，逐渐与陆地相连。有渔民意外在海边发现有一口泉眼，任凭海潮涨落，井水仍然甘甜清洌，很是神奇。明代洪武年间，人们将这口泉开砌成井，并一直使用至今。明嘉靖三十二年（1553年），官府将"神前"改名为"神泉"，并一直沿用至今。

比起神泉古井，当地有一个叫苏福的人，他的传奇故事在数百年后的今天仍不绝于耳。苏福出生在明洪武年间，两岁丧父，五岁还不会说话，家人以为他是哑巴。有一天，

神泉镇以海角甘泉而得名，"海角甘泉"四字为书法大家秦萼生所题

海角甘泉内的独脚联"抶取携而不竭任卤浸咸蒸独标平淡"

清乾隆十七年（1752年），知县王玮给泉井题名"养之氅"

第六章 惠来

他看到路上一只四脚朝天的死青蛙，突然开口说话，"两'山'相叠，一'出'字"，众人皆瞠目结舌，称其为神童，自此后，成为家喻户晓的人物。八岁时，苏福已经文采卓绝，他对一个月内月亮亏盈变化进行了生动的描写，每夜作一首绝句，一共三十首。他的《三十夜月诗》被诗词爱好者推崇，如《初一夜月》诗云：

　　气朔盈虚又一初，
　　嫦娥底事半分无？
　　却于无处分明有，
　　疑是先天太极图。

后来又创作大量精彩的诗篇，现留存于世的有《八月十五夜》《纨扇行》《遣睡魔诗》《秋风辞》《送林鼎元诗》……在《潮州府志卷之七·人物志》中有记载，"苏福，惠来人，五岁能通经史，颖悟过人，出口成章，八岁能属文，时称为神童，年十四卒"，证明确有其人。苏福与浙江神童解缙同获洪武帝朱元璋亲自殿试且文采不相伯仲的传说，也流传于民间。

清代乾隆十七年（1752年）惠来知县王玮建甘泉亭，将苏福创作的独脚联"抉取携而不竭任卤浸咸蒸独标平淡"刻在亭柱上，并在亭内立碑撰文，引得当今各地楹联专家、诗词学者前来挑战，大都自叹弗如，知难而退。

走进神泉镇海角甘泉文化公园内，古井、碑亭、石柱上的独脚联，三者静静凝视，携手走过绵长的历史。中国各地有很多口口相传的神话、无法考证的历史故事，这些都是地方文化的一部分。是海角甘泉哺育了神童苏福，还是神童苏福的独脚联让甘泉名扬天下，这些并不重要，重要的是他们的故事被深深地篆刻在这块土地上，千古流芳。

海防卫士古炮台

今天的惠来县，海岸线长约109公里，从东往西的靖海、前詹、神泉这临海三镇自古以来是惠来县的海上门户，明清时期，这些地方的百姓经常受海盗、倭寇侵扰，朝廷在这三个沿海重镇设立了靖海、石碑、赤澳、溪东、澳角、神泉六处炮台。炮台之间声势相援，犬牙相错，有效地维护了地方长期的稳定。但随着清朝时海禁解除，这些炮台再无人问津，曾经守护一方海疆的炮台，历经数百年风吹雨打，很多都已坍塌，部分幸运保存下来的老炮台如垂暮老者，仍坚守在山海间，成为海防历史的见证。

神泉澳角炮台

神泉镇的澳角炮台算是保存得较为完好的一座，被列为广东省文物保护单位。澳角炮台原称澳脚炮台，当地人称之为"营盘"，位于溪东炮台和神泉炮台之间，建于清康熙五十六年（1717年），设有6尊铸铁大炮、7间营房，有18名台兵驻守。炮台呈长方形，东西面边长22.5米，四周墙体由贝灰夯筑而成，御敌的西面墙厚度达4.5米，其他三面均有2米厚。顺着炮台内的石梯，能上到5.8米高的城墙，沿1.3米宽的人行道绕行

第六章 惠来

澳角炮台一角，明清时期，为防倭寇来侵，朝廷在惠来沿海设立了靖海、石碑、赤澳、溪东、澳角、神泉六处炮台

一圈,城垛、大炮卡位仍保持着原来的形状,只是有些残旧。厚厚的落叶下,是一条条粗壮的榕树根在城垛上恣意穿行。俯瞰炮台内,营房已无迹可寻,像一个空旷的天井。往外海眺望,因茂密的古榕枝叶遮挡,也无法看到海面上穿梭的船只。

1938年,日本军舰入侵南海时,曾向隐匿在炮台内的抗日组织开炮,坚实的南墙面被炸出一个大洞,洞口之大,足以容一个孩童爬行通过。墙洞后来被修缮成一个炮洞,这处战争留下的"伤疤",成了当地一些孩子童年时嬉戏玩耍的回忆。

漫长的岁月,像一把悄无声息的刻刀,在深褐色的墙体上留下条条沟壑,墙体内的贝壳、小海螺等建筑材料袒露在外。四周几株野蛮生长的古榕,发达的根系像蜘蛛网一样爬满墙面,有的还穿透墙体,与炮台融为一体。曾经戒备森严的军事禁地,成为村民最喜欢聚集的地方,他们在这里打麻将、纳凉、喝茶,将炮台视为共同的历史财富。

澳角炮台内与城墙融为一体的古榕

第六章 惠来

资深村的石碑炮台,与同镇的靖海炮台并称南炮台和北炮台

资深村南炮台

靖海镇有资深和靖海南北两大港口,自古以来是粤东地区海防前哨,也是惠来县海上门户、航海要冲。古时,濒海的资深村就常遭到海盗倭寇的袭扰,村民苦不堪言。清朝初期,靖海先后建造南北两座炮台,两个炮台相距5公里。北炮台位于靖海港北,称靖海炮台;南炮台位于资深村,称资深炮台,共同扼守靖海港。

建于清康熙五十六年(1717年)的南炮台,雄踞于今资深村海岬小山丘上。倘若天气晴朗,站立在炮台墙头远眺,数百里海况尽收眼底。炮台为方形堡垒,周长28米,墙高6米,设大炮6门,上方有墙垛和巡道,营房18间,配士兵18名。历经三百多年风剥雨蚀,曾经披坚执锐、守护一方安宁的南炮台,如今仅剩下两片残垣断壁相对而立。墙肩上裸露出黄褐色三合土和被海水冲刷出的深深沟壑,像老人额头上的皱纹。炮台内的设施基本无迹可寻,远望炮台,如同一位盘坐在海边沙丘上的老者,孤独地守望着这片蔚蓝的海疆。

据村中长者介绍,他们小时候常在南炮台玩耍,那时的炮台、墙垣、阶梯、营房等布局尚清晰可辨。他们还意外发现炮台内有一条秘密通道,顺着通道爬行,可直达海边。几十年过去了,炮台的损毁越来越严重,有严重的安全隐患,鲜有当地小孩的身影,游客也只能远远拍照留念。南炮台,渐渐被人遗忘。但它是中国古代海防重地的印迹,是当地数代人的童年记忆,也是深深篆刻在这块土地上的历史符号。

客乡潮俗共融通

圆墩村：菠萝之乡古韵长

葵潭镇圆墩村，位于惠来县西北部，地处惠来与普宁交界处。圆墩村历史悠久，因村前有一圆形土墩而得名。明永乐年间便有张、谢等姓氏聚族在此定居，至明嘉靖年间，有黄姓家族从福建盐坑迁徙而来，逐步扩建村居，形成一个大族。村中有古窑址、古宅、古祠、古庙、古井等众多历史遗存，处处散发着深厚的历史底蕴。

圆墩村蕴藏丰富的高岭土，为制造日用瓷器提供主要原料。明成化年间就已建有碗窑，圆墩村生产的葵斗碗，曾供应全县使用。

圆墩村村民均为客家人，也讲潮汕话，

圆墩村古巷

第六章 惠来

成德公祠曾是大革命时期大南山游击队员的联络点

成德公祠古朴精美的石雕

潮客文化在此和谐交融。始建于雍正十二年（1734年）的成德公祠，融合了潮汕和客家的建筑风格，门前廊檐的装饰以石雕代替木雕，至今保存完好，刀法细腻，生动传神，古朴精致，令人叹为观止。新德庵建于清乾隆年间，富丽堂皇的嵌瓷则完全体现潮汕传统的建筑特色。客家大院门前年代久远、石刻纹路依然精美的旗杆夹，昭示着主人曾经的显贵。一畦畦绿油油的菜地，沾满雨露，焕发着蓬勃生机，为古朴的老建筑增添蓬勃生机。

圆墩村地处山区，是革命老区。1926年，古大存曾在新德庵组织农会。大革命时期，彭湃等人在大南山活动，也曾多次到新德庵商议革命事宜；成德公祠曾是大南山游击队员的联络地点；村旁的革命烈士纪念碑纪念96位革命烈士的英魂，教育后代铭记浩然正气。这些都被镌刻上革命的光辉印记。

雨中走访带着民间传奇色彩的张先生墓，登到云雾缭绕的山间，感受圆墩村作为"惠来菠萝第一村"的震撼气势。看到漫山遍野的菠萝，已经可以想象丰收季节村民们捧着金灿灿的菠萝时的喜悦。

圆墩村以种植菠萝为主要产业，有"惠来菠萝第一村"的美誉

革命烈士纪念碑纪念在大革命时期光荣牺牲的 96 位烈士

忠义廉正照昆仑

抗元忠士陈梦龙

陈梦龙,原名陈应辰,字五垒,大坭都心江村(今汕头潮南区陇田镇)人。由于所处的时代时局动荡,陈梦龙少时就立志将来要为国效力。游学乡校期间,曾梦到手扶黄龙,故以"梦龙"之名应试。南宋开庆元年(1259年)登进士,本怀着满腔抱负,但因不畏权贵,直指弊政,遭到朝廷中主降派权臣们的排挤,只任了个石首县主簿的小官职。任职期间,陈梦龙曾建议改革州府司法,后元兵逼境,因与守将在御敌问题上意见不合,终弃官归家。元兵南下,陈梦龙捐资集

雍正九年(1731年)《惠来县志》中关于陈梦龙的记载

第六章 惠来

陈梦龙墓，位于今潮阳海门镇

勇勤王后，又奉命招抚潮州一带诸寇为朝廷所用，但遭到降元的原宋都统陈懿和剧盗刘兴的抗拒。南宋景炎元年（1276年），元兵进犯，宋端宗赵昰及卫王赵昺登船南逃，传檄召集各路忠义军兵勤王。潮州忠士陈梦龙捐出所有家财物资作为粮饷，募集乡中数百名豪勇之士前往救援。

祥兴元年（1278年），陈梦龙与众士民议请文天祥驻兵潮阳讨伐刘兴、陈懿。时陈梦龙的弟弟作为江西招抚使与元军对抗，因寡不敌众最后壮烈牺牲，陈梦龙悲痛交加，奋力杀敌，在江西、福建抗元数月，兵败退回潮阳。当时文天祥在和平镇斩杀刘兴，陈懿侥幸逃走后，引元将张弘范入潮阳，文天祥移师至五坡岭时遭突袭，不幸被捕。祥兴二年（1279年）正月，陈梦龙为救文天祥，伏兵于海口（今潮阳海门镇），袭夺元兵不克，终在海口古埕乡与元兵激战时壮烈捐躯。

谢正蒙（1562—1631年）画像

谢正蒙：清廉天下冠

谢正蒙，字中吉，明代惠来都华谢里（今华湖镇华谢村）人。他自幼警慧好学，师从邹元标、何乔远二位先生学习儒学，万历十六年（1588年）乡试中举。谢正蒙一生为官清廉，政绩显著，后世之人将他与张文献、海瑞、徐马石同列为"岭南四名臣"。

万历三十三年（1605年），谢正蒙受任为湖广安乡县知县。任职期间，厘奸剔弊，政举卓异。万历三十八年（1610年）奉召抵京，朝廷赐宴，称赞他"清廉为天下冠"。任云南道监察御史期间，谢正蒙不避权贵，奏陈时弊。当时他的《察吏惩贪疏》《参采珠池疏》等奏疏今仍存世，收录于《潮州耆旧集》。

万历四十二年（1614年），谢正蒙奉旨巡按直隶，督理两淮盐政。当时有商人奉送新官千金作为贺礼的陋规，谢正蒙到任后革改陋习，并奏请朝廷减轻商人的课税。出巡视察时，见范公堤崩塌，田舍、盐场被水淹没，他带头捐俸修堤；又"斥卤咸成沃壤"，改善盐碱之地，引淡消咸，变荒滩地为良田。江淮人民感怀其功德，为其塑像造生祠，与范仲淹一起合祀于二贤祠。

万历四十四年（1616年），因母亲病亡，谢正蒙回家服丧守孝。万历四十六年（1618年）朝廷擢升其为河南大梁道，但谢正蒙恳辞不任，自此悠游十余年，著有《柏台疏草》四卷流传于世。崇祯四年（1631年），谢正蒙于家乡去世，乡民以乡贤祀之。当时，大学士顾秉谦、司马郭之章和刑部主事谢廷赞等曾撰文并镌刻立碑，以表彰他的功绩。

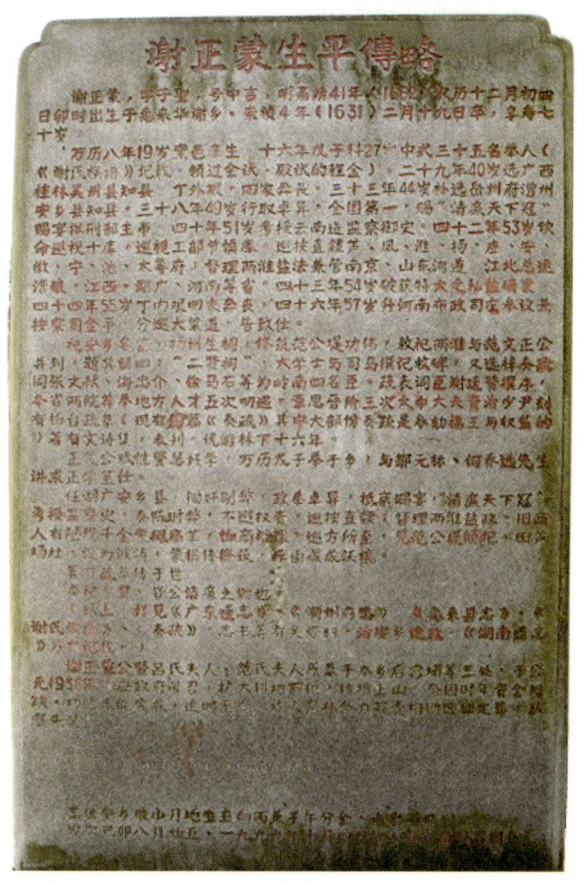

谢正蒙一生政绩卓著，朝廷曾赐宴并称其"清廉为天下冠"

翁照垣（1892—1972年）

抗日名将翁照垣

在惠来葵潭，提起翁将军，可谓无人不晓，无人不敬，他就是打响"一·二八"淞沪抗战第一枪的抗日名将翁照垣。他一生戎马，英勇抗日，是一位享誉国内外的将领。

翁照垣，原名翁辉腾，光绪十八年（1892年）出生在惠来葵潭林厝乡一位石匠家，从小为人豪爽，好打抱不平，喜欢舞拳弄棒。1917年，孙中山发动护法运动，陈炯明率领的粤军进兵福建，翁辉腾报名参加。在历次战斗中，翁辉腾都奋勇当先，屡建战功，逐渐升为团长，有人称其为"现代军中赵子龙"。后来，经过两次东征战争，粤军解体，翁辉腾谢绝了蒋介石的邀请，决定到日本学习军事。

1926年，翁辉腾东渡日本，改名翁照垣。翌年，翁照垣考入日本陆军士官学校，主修骑兵科，主攻战术学，以术科和品行第一毕业。毕业前夕，他参加了日本的海陆空联

第六章 惠来

翁照垣在日本陆军士官学校时期马术训练

合大演习,开始向往学习航空知识。1929 年,翁照垣前往法国巴黎摩拉纳航空学校学习航空技术,第二年毕业后加入了国际飞行协会,同年回到了国内。

1931 年,翁照垣任十九路军七十八师一五六旅旅长。1932 年 1 月 28 日,日军在上海公然挑衅,悍然发动进攻。当时,十九路军是上海守军,翁照垣率部镇守于京沪铁路以北至吴淞宝山一线。

1932 年夏天,第十九路军奉令"剿共",翁照垣不愿再战,赴南洋宣传抗日并为发展中国空军募款。次年初,受张学良之邀,出任东北军第一一七师中将师长,后擢升为国民革命军第五军副军长,率部与日军鏖战于长城古北口及滦河以东一带。七七事变后,翁照垣在第一战区程潜部任前敌总指挥及第七战区东江游击司令,后被日机炸伤,转香港治疗。伤愈后回到潮汕地区,任广东省第八区民众抗日自卫团统率委员会主任委员。1944 年,任潮阳、普宁、惠来三地的抗日自卫队指挥官,与日军周旋于大南山一带。

1949 年,翁照垣移居香港,直至 1972 年逝世。1999 年,翁照垣近 30 万字的"阵中日记"和"生平回忆"在欧洲被发现,这对中国现代史、中国抗战史等具有极高的历史研究价值。

民间艺术

惠来民间舞蹈

以舞蹈表达节日的喜庆和祈求吉祥，是中国民间常见的传统风俗。鹤舞、九鳄舞和高跷虎狮舞是惠来县独特的民间舞蹈，都是民间用来表达节日欢庆以及人们祈求国泰民安、吉祥福瑞的美好愿望，均被列入广东省第二批非物质文化遗产名录。

鹤舞起源于明嘉靖三年（1524年），由葵潭镇苏厝园苏氏一族独创。鹤在中国文化中有着重要的地位，寓意着长寿祥瑞。用竹篾作为"鹤"的支架，加以其他材料的装饰，做出来的"鹤"形象逼真，造型俏皮。鹤身和鹤头分别有木棍支撑，舞鹤者为男性，肩上架一根木棍、手上持一根木棍进行表演，模仿白鹤起舞的各种姿态，伴随着鼓点翩翩起舞。鹤舞分为瑞鹤"起舞""迎春""献宝"及"七鹤归崇"几个部分。主舞为七人，为了增强视觉效果，还增加了其他持彩灯配合演出的人员，使得整个表演场面更热闹壮观，主次分明。

九鳄舞是由原来的鳌鱼舞演化而来的。传说鳌鱼是龙的第九子，龙头鱼身，在潮汕地区被视为吉祥之物。旧时春节期间，人们用竹篾扎成鳌鱼形状，糊上丝纸，最后再彩绘装饰成型。舞鳌鱼的习俗始于清代道光之后，到20世纪50年代，仍保持着这项活动。因方言里"鳌鱼"与"鳄鱼"音近，常被误读，20世纪80年代，惠来人开始改舞鳌鱼为舞鳄鱼，"鳄鱼"的制作工艺也比"鳌鱼"更为精细。因表演时有九人，20世纪90年代后正式称"九鳄舞"，方言惯称"舞九鳄"。表演九鳄舞，其中四人共同撑举一条大的"鳄鱼"，其余的单人手持小的"鳄鱼"，表演过程中，沿袭着原来舞鳌鱼的一些程式，如"打四角""四翻""跳径""跃龙门"等。

表演鹤舞或者九鳄舞，表演者都分别身着色彩艳丽的统一服饰，整个场面视觉效果强烈，结合潮州大锣鼓等伴奏，声势浩荡，气氛热烈喜庆。

惠来高跷虎狮舞（中共惠来县委宣传部供图）

发现城市之美·揭阳

惠来鹤舞（中共惠来县委宣传部供图）

第六章 惠来

惠来春节至元宵有舞狮的习俗，惠来的舞狮与一般平地舞狮不同，是踩着高跷表演的，称"高跷虎狮"。东陇镇寄陇村高跷虎狮舞有着三百多年的历史。狮头也不同于一般纸糊的醒狮头，为半球形面具式狮头，上圆下方，上方为纸糊，下方嘴巴为木制，可以灵活开合。狮头青面獠牙，面部不是很立体，类似于海陆丰的"盖仔狮"。高跷虎狮舞集杂技和武术于一身，舞狮者踩着高跷，既要保持身体平衡，又要表现出狮子或威武霸气或憨态可掬的各种神态，难度相当高。高跷虎狮舞中会结合武术表演，并有四只小狮子伴舞，还有戴着人脸面具的逗狮童，诙谐逗趣，手执一把破葵扇逗引虎狮，当地称"虎狮娘"。高跷虎狮舞分三个环节，第一部分舞狮，第二部分武术表演，第三部分为钻火圈杂技表演。整个表演高潮迭起，热闹非凡，深受观众喜爱。

靖海景屏

文艺巡游演出是惠来每年春节期间都会举行的活动,在游行表演的队伍中,神秘而独特的景屏引人注目,是重头戏。

景屏通常是由三个小孩在景柜上装扮成戏剧或神话故事中的人物角色,《大闹天宫》《许仙借伞》《陈三磨镜》等都是常选用的故事。近年来,景屏增加了歌颂新生活新成就的题材。景屏制作要求极高,底层的景柜是用钢筋、角铁焊接成的坚固支架;中上层按角色焊接好座椅,套上角色所穿的服装、鞋袜,演出时把小孩扶上去,把身体和手、脚套进服装。人物从表象上看似双脚或独脚站立在景物或道具上,实际人物都是稳坐着,安全舒适。表演时,由四人、八人或十二人抬着缓慢行进,同时还有潮州大锣鼓伴随。中华人民共和国成立后,融入了电、光、声的时代元素,运载方式由人抬改为车载。景屏上的人物装扮华丽,能灵活摆动,看起来生动又神奇,令人赞叹。

相传景屏表演起源于春秋战国时期,安阳曲沟战乱频繁,被人称为"干戈沟",孔子周游列国途经此地,希望这里能远离战争,便用老家曲阜之"曲"代替"干戈",将其更名为"曲沟"。孔子临行时,村民们击鼓相送,并将男童、女童抬到高桌上边行边唱,以让远去的孔子能回望到高桌上的歌舞。后来,这种抬着人歌舞的形式逐渐成为村民们喜庆自娱的活动,名为"抬歌"。随着先民不断迁徙,抬歌经过不断传承、演变,又有了抬阁、飘色、景屏等多种名称。

清嘉庆九年(1804年),惠来地区请了江浙、陆丰碣石的景屏艺人来演出,他们非常神秘,技艺不外传。道光四年(1824年),惠来筹办置县三百周年大庆,靖海艺人在江苏学得屏景技艺,在庆典上表演。自此,惠来每逢游神赛会、节庆、庙会便自行制作表演。

靖海景屏表演（中共惠来县委宣传部供图）

抛锣

在惠来县华湖镇堡内村，有一项独创的民间艺术——抛锣。说起抛锣的历史，要追溯到清光绪初年，当时堡内村民因崇尚关羽的忠勇仁义，便在村中建"关帝君庙"。每年正月十五为敬奉关帝圣君日，为了营造气氛，村内人员组成了"小梨园"大锣鼓队，因表演过于单调，便进行了大胆创新，在大锣鼓演奏中加入了抛锣，大大提升了表演的观赏性。

"咚咚锵、咚咚锵……"伴随着潮汕大锣鼓的鼓点，二十余名抛锣手手持直径 20 厘米左右的铜锣，整齐地抛上各自所站位置的上空，随后稳稳地将落下的铜锣接住，动作一气呵成，引得围观群众纷纷叫好。抛锣是由民间自发形成的，大到广场、小到马路均可表演，采用二板鼓乐伴奏，没有界定上抛次数，只要约定鼓点不停，便要循环表演。因上抛的铜锣有 3 斤多重，所以对抛锣手的年龄有严格要求，一般在 17～40 岁之间。

在堡内村，大锣鼓队的成员均是本村村民。演奏人员需要精通鼓乐韵律，由于演奏专业性强，不可一夕练成，所以演奏人员一般是固定的。但抛锣手的传承，则是老一辈抛锣手在即将退休之际，传给年轻力壮的新抛锣手，加以培训。

2012 年，抛锣被列入广东省第四批非物质文化遗产名录。抛锣传承人吴泽贤 17 岁便在大锣鼓队做抛锣手，如今二十多年了，他已经从抛锣手晋升为抛锣队的总指挥。近几年来，随着年轻的抛锣手外出务工，练习时间少，尽管每年正月十五依然举办抛锣表演，但在表演技术上却大不如前，抛锣高度很难达成统一，表演便不如以前精彩。

第六章 惠来

抛锣是在大锣鼓演奏中加入的特别环节，为华湖独创的一项民间艺术（中共惠来县委宣传部供图）

打火醮

惠来县"打火醮"的民俗由来已久,"打火醮"十分隆重,民间有句俗语"热过打火醮",以此来形容热闹的场面。搭设灯火辉煌的醮棚,举行热闹非凡的游行活动,请来精彩绝伦的潮剧演出等,都是惠来打火醮的固定节目。

清朝时期,惠来民居多以草屋为主,常闹火灾。当时的知县裘曰菊精通天文禳灾,认为惠来背山面海,雨后滴水无存,是为"水清龙骨现",属"火地",又因"丙属火",于是便倡议逢丙年建醮,以除灾祟,但不久他便离任了。新任知县杨宗秉十分支持裘曰菊的倡议,于乾隆丙辰年(1736年)十一月主持建醮。自此以后,每逢丙年农历十一月便择日举办"打火醮",一次长达十天。至1946年因种种原因中断,直到2006年,在惠来县城隍庙理事会和民俗专家的重视下才再度恢复此项活动。

惠来县"打火醮"游行活动(方义生摄,中共惠来县委宣传部供图)

第六章 惠来

醮棚是"打火醮"的重点（方义生摄，中共惠来县委宣传部供图）

  最近一次举办"打火醮"活动是在2016年（丙申年）。五颜六色的彩旗、绚丽的霓虹灯、红彤彤的灯笼不遗余力地烘托着县城的喜庆气氛。去往城隍庙的路上人山人海，都是为了去一睹"打火醮"的重点——醮棚的风采。醮棚是一座三门四柱的仿木楼，中间顶匾写着"城隍公醮棚"，共四层，每层都挂着灯笼和彩灯，十分炫目，楼内还精心布置了身穿古装的人偶。随着醮棚最高处万年灯亮起，城隍庙内锣鼓喧天，鞭炮齐鸣，潮剧《十仙庆寿》也正式开演，庙内挤满了来自各地的观众，灯火如昼。

  除了"醮棚"，请水放生的游行是"打火醮"的又一看点。清晨，城隍庙理事会首领以及各社头耆老在巡演队伍的伴随下，到惠政桥下放生并请水回城隍庙。一路上，潮汕大锣鼓、舞狮、武术、屏景等多种潮汕特色的文娱队伍一路巡演，人们挤在夹道两侧，有拿手机拍照的，有热烈鼓掌的，有为外地而来的朋友讲解的，热闹非凡。

  "打火醮"的传承，自兴起便有文字记载，这也是其中断几十年之后依旧能传承至今的根本。如今，每十年一次的"打火醮"已经不仅仅是惠来县人们的盛事，众多旅居海内外的惠来人、游客、知名人士等都会前来共襄盛举。

中医正骨疗法

中医正骨疗法是传统中医研究人体损伤性疾病的专门学科,自有文献记载,距今已经有两千三百多年的历史了。早些年,随着西医的传入,人们深信手术刀的"魔力",传统的中医正骨疗法渐渐没落,传承艰难。如今随着临床治疗的优势,口碑相传,中医正骨疗法被越来越多的人所接受。

在惠来县,中医正骨疗法深受民众信任,其中以惠城镇的"康宁堂中医正骨疗法"和石坑镇"蔡氏中医正骨疗法"为最,至今已经传承百余年,两家也分别在2013和2015年被列入广东省第五批和第六批非物质文化遗产名录。

应用中医正骨疗法治疗,医生根据患者骨骼脱位、骨折的部位,凭借经验将其复位、驳接,然后敷上自制的中草药膏或药醋,最后用夹板固定,受伤部位可慢慢愈合和复原。

"康宁堂中医正骨疗法"传承百余年,是广东省非物质文化遗产

林汉泉正在准备患者骨伤要用的中草药膏

这项技艺多考验医生的临床经验和专业技法,不需借助工具,仅凭一双巧手按、摩、推、拿等就能治好患者的骨伤,这功夫可不是一朝一夕能学成的。

中医正骨疗法的传承人、康宁堂中医正骨疗法的当家人林汉泉系家族传承,他在读小学时,经常跟随父亲的徒弟去周边的乡村采摘苦楝树的树皮。那时,固定的夹板都是有消炎作用的苦楝树皮。从小耳濡目染,让林汉泉对中医正骨疗法有着很大的兴趣,17岁便开始跟随父亲学习,一晃已经快三十年了。起初,林汉泉的爷爷林福建被武僧陈香安所救,因缘际会跟陈香安学习了中医正骨疗法,此后这项技艺便一直传承至今。

如今,中医正骨疗法因手段便捷、微创伤、少痛苦、费用低、恢复快等特色,不仅在惠来有口皆碑,更是吸引了许多外地伤者慕名而来,使得民间传统中医治疗、医药得到发扬。

山海一隅的美味

隆江猪脚

民以食为天，表达的是中国老百姓对食物的态度与追求。自古以来，祖辈们在吃的领域，总是铆足了创新精神，穷有穷的吃法，富有富的讲究。一些民间美味总是很低调，尽管没有被收录在地方美食名录中，但照样名传一方，让人垂涎三尺。

隆江猪脚发迹于惠来县隆江镇，具体是什么时候？由何人创作？没有权威记载，但它在广东地区具有超高的知名度，又在都市人快节奏的生活中扮演着越来越重要的角色。隆江猪脚虽只是一个美食单品或者一个快餐的组合形式，但它风味独特，色、香、味俱全，吃后唇齿留香，回味悠长，多少年来，征服了无数食客挑剔的味蕾。

中国人对美食的考究是认真的，也是严谨的，一碗猪脚之所以拥有众多美食拥趸，自然有过人之处。据东汉末年名医张仲景名著《伤寒论》中记载，猪脚具有"和气血、润肌肤、可美容"的功效。又据现代专家介绍，猪皮、猪蹄中的主要成分是胶原蛋白和弹性蛋白，能防止皮肤过早褶皱，延缓皮肤衰老，因此，人们把猪脚称为美容食品。猪脚到处有，为何隆江猪脚独树一帜？其重点就在卤料制作上。经当地人长期探索，不断

第六章 惠来

试验，他们将香叶、八角、桂皮、陈皮等十八种有益于健康养生的上等中药材做成香料包，放入卤锅中，再加入南姜、罗汉果、蒜头、精盐、料酒、白糖、生抽、红豉油等配料，熬制数小时。当浓浓的卤汁淋在煮熟的猪脚上，就连飘荡在空气中的气味都能让你食欲大增，满口生津。复杂的配方才是这道美味最根本的保障。至于配方的比例，师傅们还是讳莫如深，因为这是他们致富的秘诀。将油而不腻的带皮猪脚送入口中，滑嫩糯香一齐袭来，让人心满意足。难怪当地人说，吃隆江猪脚前，先把舌头箍起来，以免被一起吞下肚。

走在隆江镇的大街小巷，甚至广东各地市镇，总能见到隆江猪脚饭店的身影，店面简朴，没有菜单，即到即吃。这是一般平民的消费场所，这种健康美味，是给普通人士最好的犒劳。

咸香软糯、肥而不腻的隆江猪脚

隆江绿豆饼

隆江绿豆饼是惠来味道的一张代表性名片，始创于清康熙末年，是潮汕传统的饼食，常作为特产手信成为送礼之选，婚嫁或喜庆节日的祭典中也能见到绿豆饼的身影。

绿豆性凉，具有消暑清热的功效。隆江绿豆饼精选优质绿豆，通过去皮碾磨，用细腻的绿豆沙做馅，一口咬下去，饼皮酥松，豆馅甜润，口感微凉，豆馅的甜被饼皮的香中和，吃起来甜而不腻，是颇受潮汕人喜爱的茶点。

隆江绿豆饼为纯手工制作，饼皮和馅料的制作颇为考究，主要有制馅、和面、包馅、

隆江绿豆饼，饼皮酥松，豆馅甜润，口感微凉

第六章 惠来

烙烤隆江绿豆饼

烙烤等几道工序。首先制馅要将绿豆提前淘洗浸泡一小时，之后进行脱皮筛选，沥干水分，倒入特制的蒸锅中蒸熟。蒸熟后的绿豆自然冷却，加入一定比例的食用油和白砂糖，进行充分搅拌，接着用手工碾压团揉成豆沙，揉至细腻粘手方可。

和面时要多次擀压面皮，最终做出来的饼皮才酥松多层。饼皮做好后，接着包馅制饼，粘上黑芝麻点缀，再将面团压成饼状，黑芝麻既是装饰也起到增香的作用。之后将饼码进铁盘放入烤炉中烙烤，有些作坊还坚持古法，烧柴烤制绿豆饼。大约烤十分钟，将饼翻面，加入适量的食用油，再次将饼入炉烙烤，直至饼两面都变得金黄。

成品的绿豆饼用粉色的纸包卷起来，成为一筒一筒的包装规格，最后贴上写有"绿豆饼"的红纸，喜庆的颜色表达着人们美好的意愿。

隆江绿豆饼作为老少咸宜的饼食，受到海内外潮人的喜爱，2015年，隆江绿豆饼制作技艺被列入广东省非物质文化遗产名录。

| 靖海豆楫 |

靖海豆楫是以花生仁、白糖、猪油为主要原料精制而成的一种饼食类。配料和制作十分讲究，要经过多道工序：先把花生仁炒热，炒时要特别注意火候，使之不焦不生，香脆适度。碾瓣去膜，把花生仁放入麦芽糖、白糖、猪油、葱膀、橙汁等配料煮成的糖浆中，搅拌均匀，用木棒反复捶打至粉碎柔软，有一定黏度。再用大槌压平，碾成薄薄一张，这就是豆楫皮。

豆楫以花生仁、白糖、猪油为原料，香甜软糯

第六章 惠来

据当地生产该产品的师傅称,产品采用精选的花生、麦芽糖浆及其他配料,经捶打、搓压、切制而成,因用料不同而有荤、素之分。生产过程中不使用任何防腐剂和色素。产品具有胶软而不粘牙、清甜而不浓腻、香味久留的特点,常食不厌。

豆楫皮做成之后,中间要包上明糖。明糖是用糯米、麦芽糖、猪油丁、白糖等制作而成的,切成一寸见方的小块。豆楫整块呈浅黄色,中间明糖部分是深褐色,看起来赏心悦目,吃起来香甜可口,真是色、香、味俱佳。

由于做工讲究,靖海豆楫吃起来很有味道,质软而不粘牙,香甜浓烈而不肥腻。配上潮汕有名的功夫茶,更是余味无穷。不少潮籍同胞,回归桑梓故里,总要买几盒带往海外,让亲人们共尝这家乡风味小食,以慰乡思。

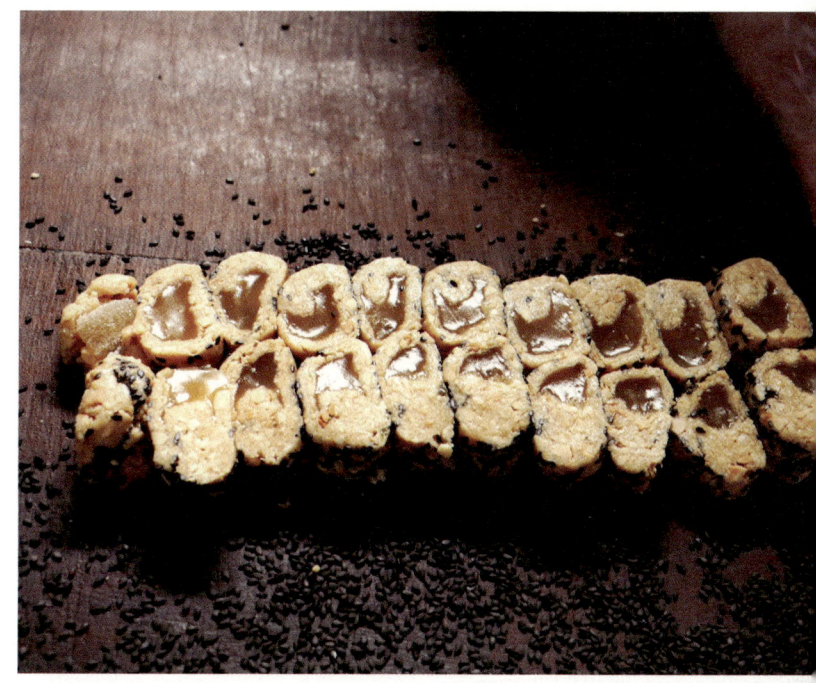

靖海豆楫

跋

城市的美有很多，高楼大厦、购物休闲、公园场馆、蓝天白云、山水风光等。在快速的城市化进程中，城市甚至乡村面貌仿佛是一件件流水线产品，其差异化越来越小。

而每个地方那些即将消失或已经消失的历史建筑、老手艺、老味道、宗族祠堂等，都是个性鲜明的文化烙印，它们不仅凝聚了祖辈们的智慧，也记载着我们的文化源头。

所以，我们唯有通过实地考察、拍摄，把这些散落在民间的文化瑰宝一一打捞、整理、留存，传播每个地方不一样的文化之美。

2017年秋，在揭阳乡贤林辉勇先生的慷慨资助下，"发现城市之美"摄制组一行七人踏上了揭阳的土地。

从秋阳杲杲到寒冬腊月，两个多月的时间，我们走遍了榕城区、揭东区、揭西县、惠来县、普宁市及其所辖的乡镇村，5240.5平方公里的土地上，到处都留下了我们探寻揭阳原生态文化的足迹。在这里，我们体会到揭阳各地历史的深邃与久远，感受到潮汕文化的厚重与朴实。在两个多月的时间里，无论我们身处热闹的市井之中，还是行走在僻静的乡间阡陌之上，都能感受到百姓的淳朴与热情。给我们介绍当地文化，带我们寻找历史遗迹，甚至邀请我们走进家里，一杯茶，几碟当地果脯，这是揭阳先祖们把热情好客的人文基因牢牢根植于子孙后代的思想里，代代流传的美德。

从揭阳回来后，团队开始进入深居简出的写作过程，笔触随思绪再一次重回揭阳，从字里行间里又一次感受揭阳历史、礼俗、建筑、民艺、食物的丰富多彩……历经五个月的伏案疾书，当手捧沉甸甸的样书时，觉得这份成就不仅是创作团队的，更是在采访期间给予我们无私帮助的单位和个人的。

在这次采访过程中，感谢普宁碧辉园酒店的董事长雷正美女士，不仅免费为团队提供在普宁期间的酒店住宿二十多天，还邀请团队品尝当地特色美食。雷正美女士为人低调，对团队辛苦来挖掘和传播揭阳历史文化给予高度的肯定和支持。

两个多月的行程中，我们接触了当地各级相关政府部门、众多专家学者，每一次采访，他们都积极支持、配合，给予专业指导，在此特别鸣谢：

中共揭阳市委宣传部

揭阳市文广新局

揭阳市档案局

揭阳市文联

中共榕城区委宣传部

中共揭东区委宣传部

中共普宁市委宣传部

中共揭西县委宣传部

中共惠来县委宣传部

榕城区文化馆

揭东区文化馆

普宁市文化馆

揭西县文化馆

惠来县文化馆

揭西县大溪镇党委宣传办

揭西县钱坑镇文化站

惠来县靖海镇党委宣传办

惠来县葵潭镇圆墩村村委

揭东区玉湖镇坪上村村委

揭阳文史专家彭妙艳、黄凡

《揭阳日报》记者林文君

潮剧大师方展荣、林柔佳

青狮表演艺术传承人孙淑强

木雕技艺传承人林汉旋、林少党、林雪群

铁枝木偶戏传承人孙树忠

木偶制作传承人洪锡秋

乔林烟花火龙习俗传承人林建南

普宁英歌传承人陈来发

嵌瓷技艺传承人陈宏贤

彩画技艺传承人黄瑞林

贵政山茶叶罐制作传承人纪文民

佛手老香橼制作传承人林盖光、林佑坝

普宁豆酱制作传承人郑楷松、郑继树

广东汉乐传承人方少澄

客家擂茶制作传承人刘朝星

三山国王祭典传承人刘元册

客家红酒酿造传承人曾小环

大龙香制作传承人林少潮、林粤雄

打火醮习俗传承人方生

康宁中医正骨疗法传承人林汉泉

抛锣习俗传承人吴泽贤

此外,还有众多当地百姓在我们团队走访期间给予极大的帮助,这里无法一一列举感谢,敬请谅解!

《发现城市之美·揭阳》历经选题、采集、拍摄、写作、设计及后期多次精修,一步一脚印,一步一艰辛。在这本书中,您将了解到一个不一样的揭阳,一个更加生动、更加立体的故乡,一个由至精至美的传统文化淬炼出来的精神家园。让我们一起在这本书中见证大美揭阳!

本书涉及的一些民间传说和历史典故,是我们参考地方文献或其他资料改编而成。因无法联系到原作者,恳请谅解并致以感谢!由于时间仓促,作品有不足之处在所难免,希望广大读者批评指正!

《发现城市之美·揭阳》项目组
2018 年 10 月

发现城市之美

出 品 人	林辉勇
指导单位	中共揭阳市委宣传部
封面书法	王璜生
扉页书法	胡天民
顾　　问	彭妙艳　黄凡　朱良　朱明佳　邹瑜
	王宋大　蔡延松　杨贤足　周波　张伟超
	林兴胜　曾茂朝　吴子勇　李克农　李文俊
	张奕鹏　杨铜城　李庆　吴树彬
主　　编	肖岳山
副 主 编	蔡谦
执行总监	唐兰燕
策　　划	张热云
监　　制	龚志先　卢卫卫　刘冰云　谢宏中　卢京霖
撰　　稿	唐兰燕　徐舜希　齐玲玲　肖岳山
摄　　影	许英生　徐舜希　唐兰燕　肖岳山
运营主管	齐玲玲
新媒体运营	陈森梅　杨鑫
设　　计	深圳市点石文化传媒有限公司
著 作 权	深圳市点石文化传媒有限公司
地　　址	深圳市福田区田面设计之都2栋5B
电　　话	0755-82701682
微　　信	发现城市之美
二 维 码	

一扫解乡愁